roger brunel

PASTICHES

3. école franco-belge

EDITIONS Glénat

hommage

Bravo et merci aux dessinateurs, scénaristes et éditeurs qui ont bien voulu (ou n'ont pas bien voulu du tout...) me laisser faire encore une fois !!...
10Ciel Brunel

sommaire

Couleurs :
Sophie de Valukhoff
et Roger Brunel.

QLICK ET FUCKE
?
Ca y est... "Il" nous a vu!... On peut rentrer!
Hé, hé! Je les tiens. Ils achètent... et je confisque!...
SEX
Vous dites?... C'est uniquement pour ça ...Alors, je veux bien vous en vendre un.
... Et vous avez un coin où l'on puisse faire ça?
Là!... Dans la cabine de projection... Mais ne touchez pas aux boutons, hein?...
O.K! Monsieur ...
1
Alors, Fucke?... Ça rentre bien... Tu es sûr?...
Oui, mais n'enfonce pas tant! ...
2
Ma parole!... Ils vont acheter le magasin... Tant mieux pour moi! Mais j'en ai plein la pèlerine de lorgner la vitrine, moi!
Aaah! Les voici! ...
Tiens, l'agent!
Drôle de cigare, cette fois!.. Vente prohibée aux mineurs! Confisqué!
...Et bientôt essayé!...
Plus tard ...
Là, tu vois, Mathilde... Je tourne le bouton et...
PCHTT
DZING!
P.C.C. D'APRÈS HERGE

SYPLAIN et SYBLETTE

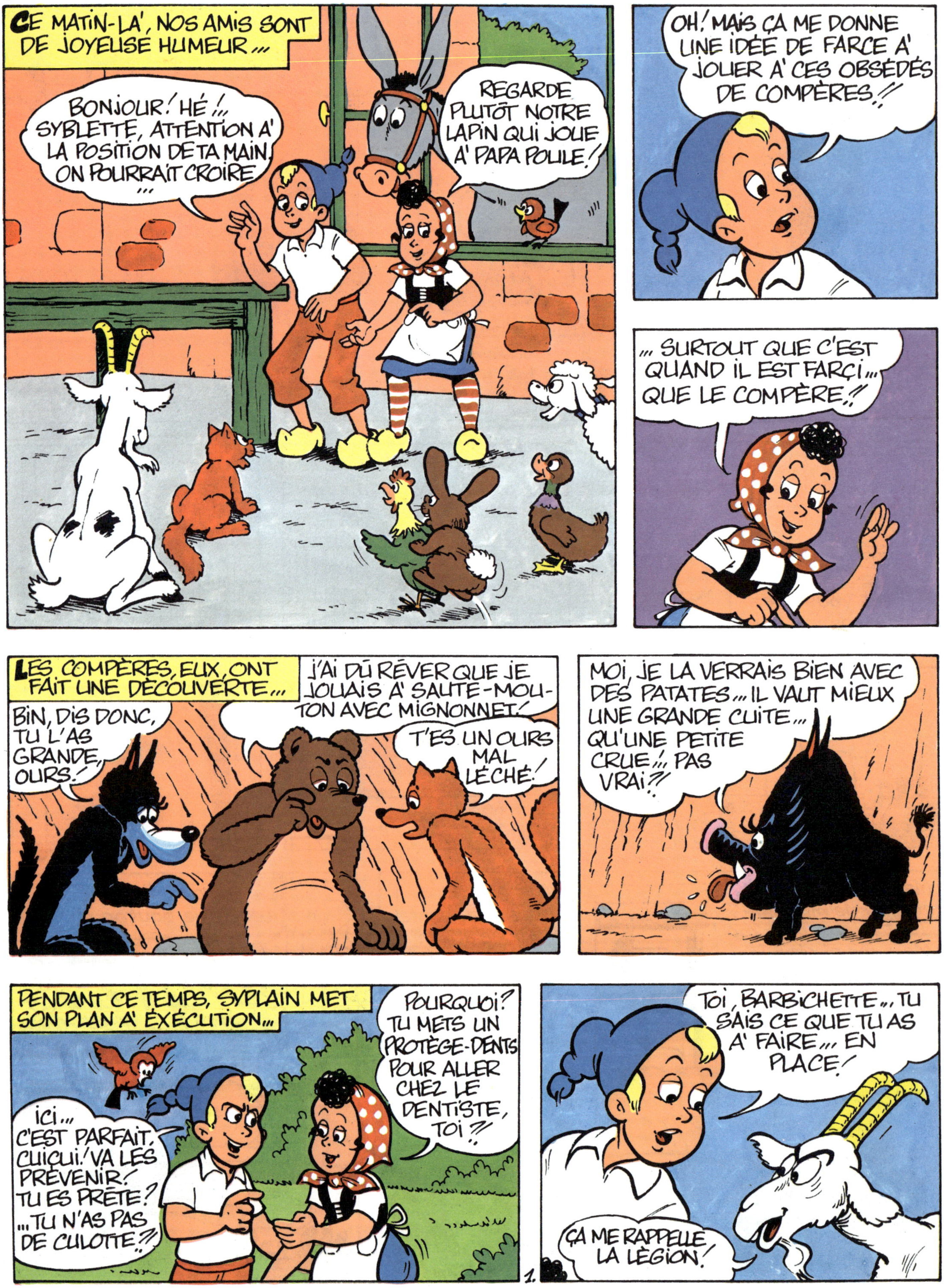

CE MATIN-LA', NOS AMIS SONT DE JOYEUSE HUMEUR...
BONJOUR! HÉ!... SYBLETTE, ATTENTION A' LA POSITION DE TA MAIN. ON POURRAIT CROIRE ...
REGARDE PLUTÔT NOTRE LAPIN QUI JOUE A' PAPA POULE!
OH! MAIS ÇA ME DONNE UNE IDÉE DE FARCE A' JOUER A' CES OBSÉDÉS DE COMPÈRES!!
... SURTOUT QUE C'EST QUAND IL EST FARÇI... QUE LE COMPÈRE!!
LES COMPÈRES, EUX, ONT FAIT UNE DÉCOUVERTE...
BIN, DIS DONC, TU L'AS GRANDE, OURS!
J'AI DÛ RÊVER QUE JE JOUAIS A' SAUTE-MOUTON AVEC MIGNONNET!
T'ES UN OURS MAL LÉCHÉ!
MOI, JE LA VERRAIS BIEN AVEC DES PATATES... IL VAUT MIEUX UNE GRANDE CUITE... QU'UNE PETITE CRUE!... PAS VRAI?!
PENDANT CE TEMPS, SYPLAIN MET SON PLAN A' EXÉCUTION...
ICI... C'EST PARFAIT. CUICUI! VA LES PRÉVENIR! TU ES PRÊTE? ...TU N'AS PAS DE CULOTTE?!
POURQUOI? TU METS UN PROTÈGE-DENTS POUR ALLER CHEZ LE DENTISTE, TOI?!
TOI, BARBICHETTE... TU SAIS CE QUE TU AS A' FAIRE... EN PLACE!
ÇA ME RAPPELLE LA LÉGION!
1.

...SURTOUT, NE PIPE PAS MOT!
COMME SYBLETTE, ALORS?!
PEU APRÈS
ALORS, MÊME LES OURS VIVENT EN BANDE?!
ARRÊTEZ! VOILA DES NOUVELLES DU FRONT!
CUL! CUL! CUL! CUL! CUL!
CUL! CUL!
HEU... EN FAIT DE FRONT, C'EST D'AUTRE CHOSE AUSSI POPULAIRE QU'IL S'AGIT!!
VA-T-ON ME DIRE?...
...IL PARAIT QUE SYPLAIN ET SYBLETTE...
NON?! EN PLEIN JOUR! MAIS OÙ?!
CHUT! JE SAIS OÙ C'EST!..
ÇA Y EST! TOUT EST EN PLACE!
J'AI LES MÊMES SYMPTOMES QU'EUX, PAS TOI?
AAARG
HÉÉÉÉ! ATTENTION!
Wououououou!
IL VA EN FALLOIR POUR LES DÉTACHER! ON PARIE?!
OUI! MAIS COMBIEN DE SEAUX D'EAU MISER?!
AÏE!
AÏE! AÏE!
AÏE! AÏE! AÏE!
TROP TARD!
2.
PCC. D'APRES CUVILLIER ET PESCH

Poil-Rouge

SUR UNE PETITE ÎLE DES CARAÏBES
GARÇONS! LA SITUATION EST GRAVE! NOUS N'AVONS PLUS QU'UN CANOT! IL FAUT ABSOLUMENT NOUS EMPARER DE CE BRICK QUI NOUS NARGUE!
TON PROJET EST ADOPTÉ P'PA! COMME MOI!!
MOI, JE SUIS POUR!.. SANS BRICK, MAINTENANT T'AS PLUS RIEN! EX NIHILO NIHIL (1)
(1) RIEN DE RIEN
EN EFFET DANS LA CRIQUE OÙ NOS AMIS ONT ÉCHOUÉ (2), UN BRICK ÉTRANGEMENT DÉSERT ET MAL VOILÉ DÉRIVE DEPUIS LES PREMIÈRES HEURES DU JOUR...
(2) VOIR "ASPENIX CONTRE POIL ROUGIX"
ET LA NUIT VENUE, LE CANOT SE GLISSE SANS BRUIT...
ÇA 'ISQUE D'ÊT'E TE''IBLE! LA NUIT N'EST MÊME PAS NOI'E LA PEU' ME B'OIE LES T'IPES, SÛ'! (3)
(3) ' = R . EXEMPLE : F'MURRR = F'MU'''
TU PASSERAS DEVANT, NANA ET TRIPLE-SEC TE SUIVRA... D'ACCORD?
NON! J'AI PEU' DE 'ETOMBER SUR SA JAMBE DE BOIS!! (4)
P1A
(4) VOIR "PASTICHES" TOME 1
ALORS, FISTON?! TU EN VIENS À BOUT DE TON NOEUD?!.. ALLEZ, MONTE VITE! ÇA SE PRÉSENTE BIEN!
BIZARRE?! LE PONT EST VIDE! ON DIRAIT UN VAISSEAU FANTÔME!! J'ESPÈRE QUE CE N'EST PAS LA PESTE!
LE MIEUX SERAIT D'ALLER VOIR DANS LES CABINES ET DANS LES CALES!
JE SUIS VOLONTAIRE, AVEC VOTRE PERMISSION!
BIEN, ÉREC! TU ES BIEN MON FILS! S'IL Y A DU DANGER, TU N'AS QU'À TIRER UN COUP!
ET TANDIS QUE POIL-ROUGE ET SES HOMMES INSPECTENT LE PONT...
...NE RIEN OUBLIER DE CE QUE M'A DIT PAPA... DANGER... TIRER UN COUP... DANGER... TIRER UN COUP... DAN-
HOLA! DE LA CALE! Y A-T-IL ENCORE DES HOMMES VIVANTS DANS CE NAVIRE?!
DES HOMMES, NON! MAIS DES FEMMES, OUI!!.. ET JE VOUS PRÉVIENS... NOUS VENDRONS CHER NOTRE PEAU!
D'AUTANT QUE NOUS N'AVONS BIENTÔT PLUS RIEN DESSUS!
P1B

MAIS D'UNE AUTRE CABINE...
HALTE, MONSIEUR NE TOUCHEZ PAS A' CES JEUNES FILLES!
N'AVEZ PAS PEUR, JE VAIS PRÉVENIR PAPA!
PÈRE!.. IL N'Y A QUE DES DAMES ET DES DEMOISELLES DANS LES CABINES... PAS UN SEUL HOMME!!
QUOI?!..ÇA SENT LE PIÈGE! ALLONS LES CUISINER POUR EN SAVOIR PLUS!
NANA, FAIS CARGUER TOUTES LES VOILES ET REJOINS-NOUS AVEC TRIPLE-SEC DANS LE CARRÉ...
PÈRE! QUE VAS-TU FAIRE? CE NE SONT PAS DES BUTINS!?

ET PEU APRÈS DANS LE CARRÉ OÙ LES OCCUPANTES ONT ÉTÉ RASSEMBLÉES...
... C'EST LA VÉRITÉ, CAPITAINE... NOUS SOMMES DE SANG ROYAL ESPAGNOL... ET TOUS LES HOMMES D'ÉQUIPAGE CHOISIS PARMI LES HOMOSEXUELS POUR PRÉSERVER NOS VERTUS, SONT MORTS!...
...VICTIMES DU SIDA, SÛREMENT! NOUS AVONS JETÉ LE DERNIER A' LA MER DANS CE LAGON APRÈS QU'IL AIT RÉUSSI A' Y STOPPER LE BRICK!
TRIPES DU DIABLE! VOUS ENTENDEZ, GARÇONS?!... J'AI BIEN FAIT DE VOUS INTERDIRE CES PRATIQUES!...OH!
TONNERRE DE BREAST!
P.2A

JUSTEMENT! L'ABSTINENCE NOUS PÈSE TANT QU'UN PETIT COUP NE NOUS FERAIT PAS DE MAL!.. ET PUIS IN MEDIO STAT VIRTUS! (1)
ACCORDÉ! NOUS NE POUVONS LES LAISSER DANS CET ÉTAT!
A' PROPOS DE VERTU, JE PUIS VOUS DIRE QUE MOI, J'AIME L'HOMME..... JUSTUM ET TENACEM! (2)
SI C'EST UNE CAUSE HUMANITAIRE! LES LOIS DE LA MER SONT FORMELLES... NOUS DEVONS ASSISTANCE!...
ET CE QUI FUT DIT FUT FAIT
ALLEZ, NANA! AD AUGUSTA PER ANGUSTA! (3)
T'IPLE-SEC 'ETI'E TA JAMBE DE BOIS! JE PE'DS LE 'YTHME! BO'DEL!!...

(1) LA VERTU EST AU MILIEU

(2) JUSTE ET FERME

(3) A' DES RÉSULTATS MAGNIFIQUES PAR DES VOIES ÉTROITES

ET L'ON VIT LE BRICK, TOUTES VOILES AU VENT, SILLONNER LES MERS, ARBORANT UN PAVILLON DE DENTELLES ROSES...
INFANDUM, REGINA, JUBES RENOVARE DOLOREM?! (4)
'EGA'DEZ! LA BA''E! JE LA TIENS! SANS LES MAINS!
TANDIS QU'A' L'INTÉRIEUR...
BIN QUOI! ON A LES FANTASMES QU'ON VEUT, NON?!
NON BIS IN IDEM! (5)
JE T'AI DIT DE PARLER GAULOIS!!
... ET A' L'EXTÉRIEUR...
ÇA ME FAIT TOUT DRÔLE D'ÊTRE RÉALISTE!
TOUJOURS CE CÔTÉ GAULOIS DANS SES HISTOIRES!
P.4B

(4) VOUS M'ORDONNEZ, REINE, DE RENOUVELER UNE INDICIBLE DOULEUR?!

(5) NON DEUX FOIS POUR LA MÊME CHOSE!

D'APRÈS HUBINON P.C.C. Tôtal Brune!

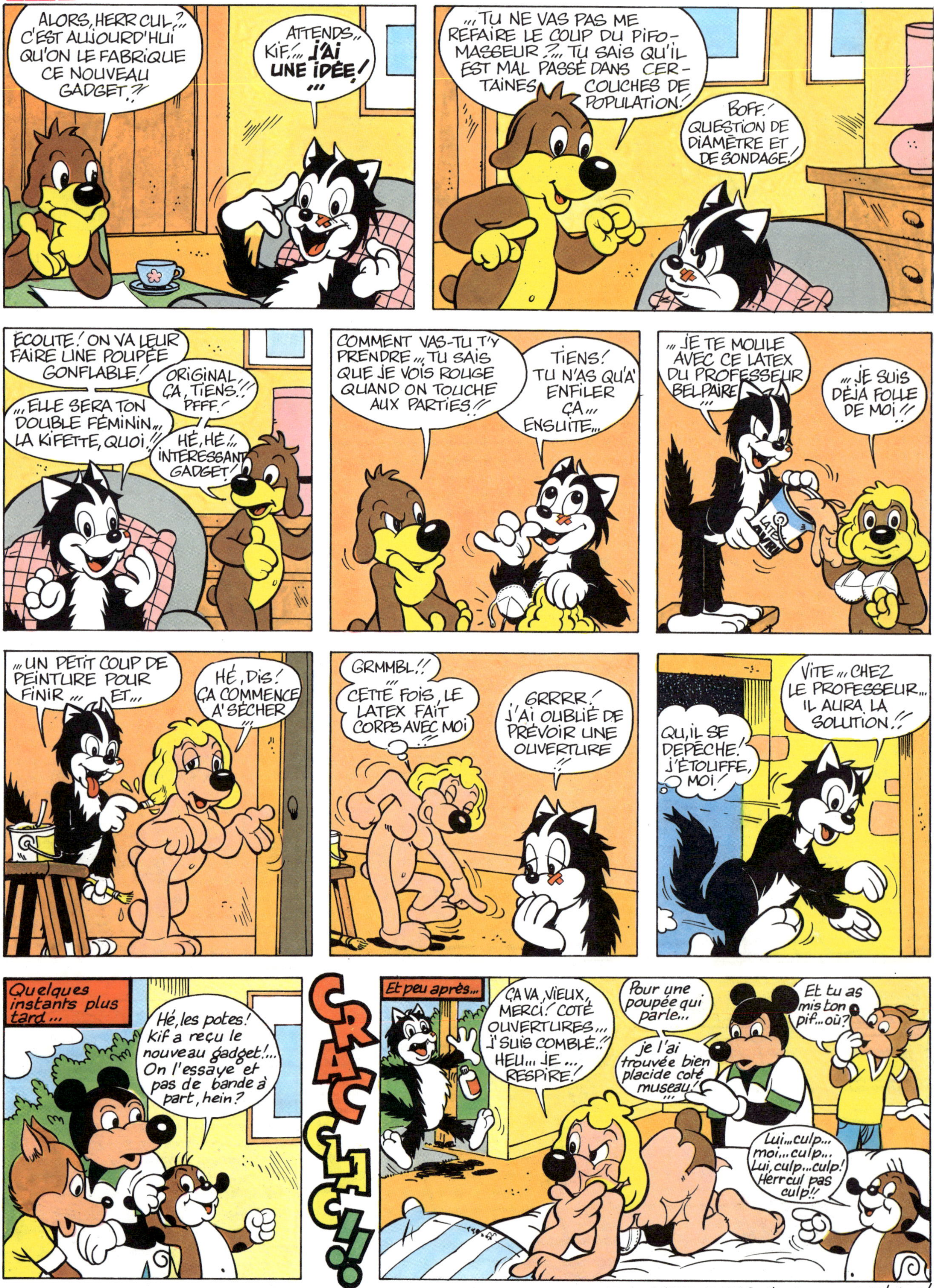
ALORS, HERR CUL?.. C'EST AUJOURD'HUI QU'ON LE FABRIQUE CE NOUVEAU GADGET?
ATTENDS... KIF... J'AI UNE IDÉE!...
...TU NE VAS PAS ME REFAIRE LE COUP DU PIFO-MASSEUR?... TU SAIS QU'IL EST MAL PASSÉ DANS CER-TAINES COUCHES DE POPULATION!
BOFF! QUESTION DE DIAMÈTRE ET DE SONDAGE!
ÉCOUTE! ON VA LEUR FAIRE UNE POUPÉE GONFLABLE!
ORIGINAL ÇA, TIENS!.. PFFF!
...ELLE SERA TON DOUBLE FÉMININ... LA KIFETTE, QUOI!
HÉ, HÉ!.. INTÉRESSANT GADGET!
COMMENT VAS-TU T'Y PRENDRE... TU SAIS QUE JE VOIS ROUGE QUAND ON TOUCHE AUX PARTIES!
TIENS! TU N'AS QU'À ENFILER ÇA... ENSUITE...
...JE TE MOULE AVEC CE LATEX DU PROFESSEUR BELPAIRE...
...JE SUIS DÉJÀ FOLLE DE MOI!!
...UN PETIT COUP DE PEINTURE POUR FINIR... ET...
HÉ, DIS! ÇA COMMENCE À SÉCHER
GRMMBL!!
CETTE FOIS, LE LATEX FAIT CORPS AVEC MOI
GRRRR! J'AI OUBLIÉ DE PRÉVOIR UNE OUVERTURE
OUI, IL SE DÉPÊCHE! J'ÉTOUFFE, MOI!
VITE... CHEZ LE PROFESSEUR... IL AURA LA SOLUTION!
Quelques instants plus tard...
Hé, les potes! Kif a reçu le nouveau gadget!... On l'essaye et pas de bande à part, hein?
CRAC CLAC!!
Et peu après...
ÇA VA, VIEUX, MERCI! CÔTÉ OUVERTURES... J'SUIS COMBLÉ!! HEU... JE... RESPIRE!
Pour une poupée qui parle...
je l'ai trouvée bien placide côté museau!
Et tu as mis ton pif... où?
Lui... culp... moi... culp... Lui, culp... culp! Herr cul pas culp!!

PCC D'APRÈS C. ARNAL, R. MAS ET NICOLAOU... rocélbrunel

BLONRIN et CIDAGE

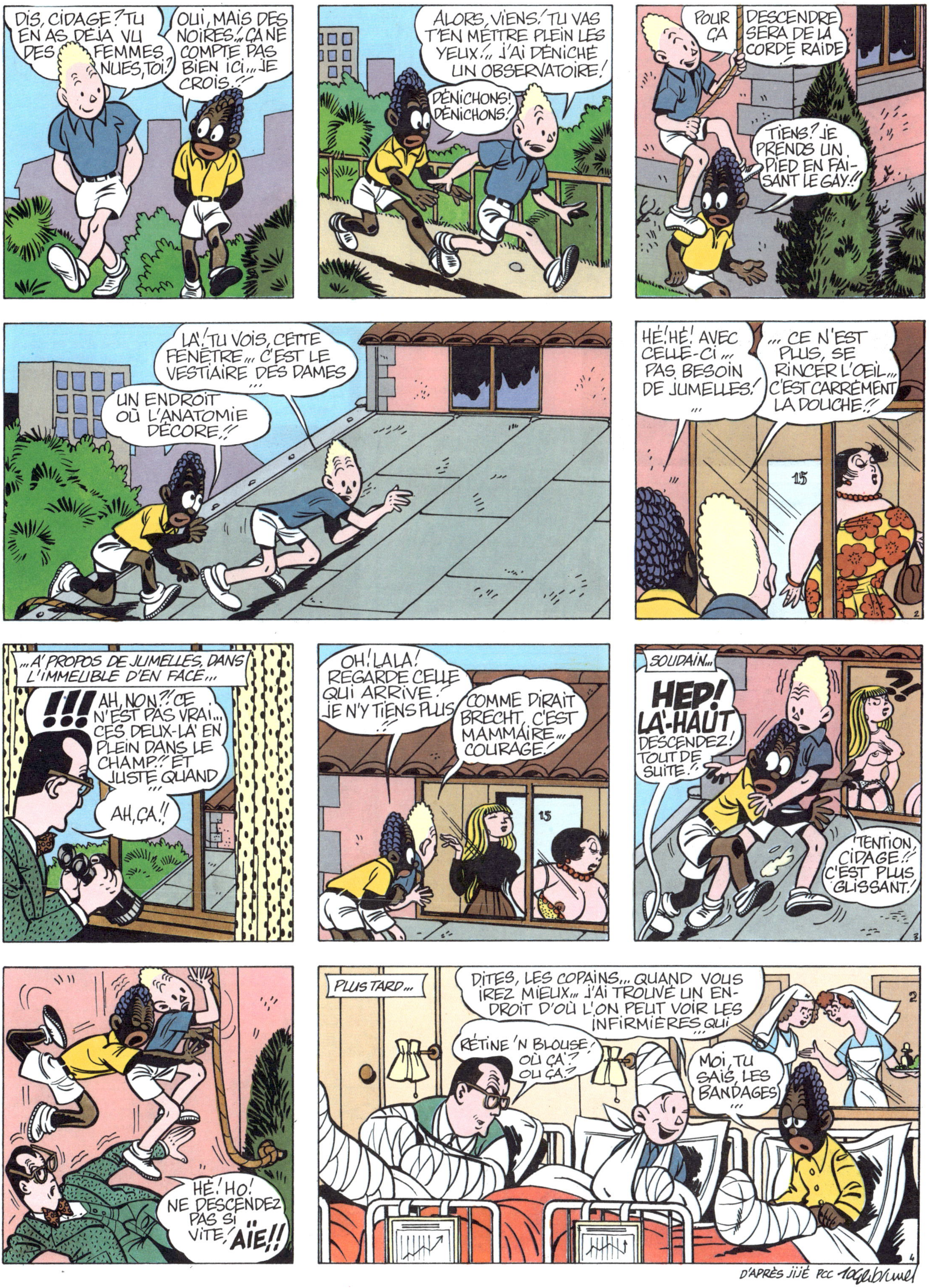
DIS, CIDAGE? TU EN AS DÉJA VU DES FEMMES NUES, TOI?
OUI, MAIS DES NOIRES!... ÇA NE COMPTE PAS BIEN ICI... JE CROIS...
ALORS, VIENS! TU VAS T'EN METTRE PLEIN LES YEUX!... J'AI DÉNICHÉ UN OBSERVATOIRE!
DÉNICHONS! DÉNICHONS!
POUR ÇA
DESCENDRE SERA DE LA CORDE RAIDE
TIENS? JE PRENDS UN PIED EN FAISANT LE GAY!!
LA! TU VOIS, CETTE FENÊTRE... C'EST LE VESTIAIRE DES DAMES
UN ENDROIT OÙ L'ANATOMIE DÉCORE!!
HÉ! HÉ! AVEC CELLE-CI... PAS BESOIN DE JUMELLES!
... CE N'EST PLUS, SE RINCER L'OEIL... C'EST CARRÉMENT LA DOUCHE!!
15
...A PROPOS DE JUMELLES, DANS L'IMMEUBLE D'EN FACE...
!!!
AH, NON?! CE N'EST PAS VRAI... CES DEUX-LA EN PLEIN DANS LE CHAMP?! ET JUSTE QUAND
AH, ÇA!!
OH! LA LA! REGARDE CELLE QUI ARRIVE! JE N'Y TIENS PLUS
COMME DIRAIT BRECHT, C'EST MAMMAIRE... COURAGE!
15
SOUDAIN...
HEP! LA-HAUT
DESCENDEZ! TOUT DE SUITE!
?!
'TENTION, CIDAGE!! C'EST PLUS GLISSANT!
HÉ! HO! NE DESCENDEZ PAS SI VITE! AÏE!!
PLUS TARD...
DITES, LES COPAINS... QUAND VOUS IREZ MIEUX... J'AI TROUVÉ UN ENDROIT D'OÙ L'ON PEUT VOIR LES INFIRMIÈRES QUI
RÉTINE 'N BLOUSE! OÙ ÇA? OÙ ÇA?
MOI, TU SAIS, LES BANDAGES

D'APRÈS JIJÉ PCC Tagliabue

COQ ET COQUETTE

Monsieur Branlique, Coq et Coquette sont en vacances sur la Côte Rose, tout près de la Principauté de Monte-Pasiho (1). Et tandis que Coq et Coquette cherchent des coquillages...
Je parie que j'en ai une de plus que toi!!
On ne pourrait pas trouver un autre jeu que la pêche aux moules?..
... Monsieur Branlique suit les évolutions d'un canot isolé...
???
Coq! Coquette! Ils ont l'air en panne! Venez voir les enfants!
Oh! Il y a une fille nue!
Fais-voir si c'est une panne sèche?!
Arrêtez Malheureux!!
Elle est bien nue, la bougresse... Mais? Il lui sort ses outils! Qu'est-ce que c'est que cette panne?
Qu'est-ce qu'ils font?
Quelle besogne est en train d'accomplir ce mystérieux bricoleur?
Elle est peut-être en danger... avec un maniaque des outils... Vite!.. Quelques brasses et j'en aurai le cœur net...
Hola, du bateau! Est-ce que Branlique peut vous secourir?
Au large! Nous n'avons...
Laisse, chéri, Monsieur peut nous servir!.. Montez donc!
Voici notre histoire, Monsieur, Mademoiselle est la princesse héritière d'un pays voisin... et nous nous aimons! Mais nos familles refusent notre union! Pour les forcer, nous tentont de faire un enfant... Hélas, ses parents s'en sont doutés...
... et lui ont mis cette ceinture de chasteté que j'essaie vainement d'ouvrir depuis un moment tout ça parce que...
... cet idiot, dans sa précipitation a laissé tomber dans la mer, la clef que j'avais réussi à dérober!!
Branlique est là! Mon Prince... Ordonnez et je plonge!
Merci, Branlique! Si vous réussissez, vous serez exonéré d'impôts. Moi, je dois garder mes forces!
Comme un playboy dans une héritière, notre ami s'enfonce dans les profondeurs du Golfe...
La voilà, cette clef! La princesse va pouvoir connaître la joie après le pêne!
... Et quelques instants plus tard...
Ça y est! Il a réussi! Tu peux remettre tes outils en place, mon Prince chéri!
Maintenant, je pense que je peux vous laisser faire!...

(1) Toute ressemblance avec une principauté, etc... D'ailleurs, elle n'est même pas ressemblante!

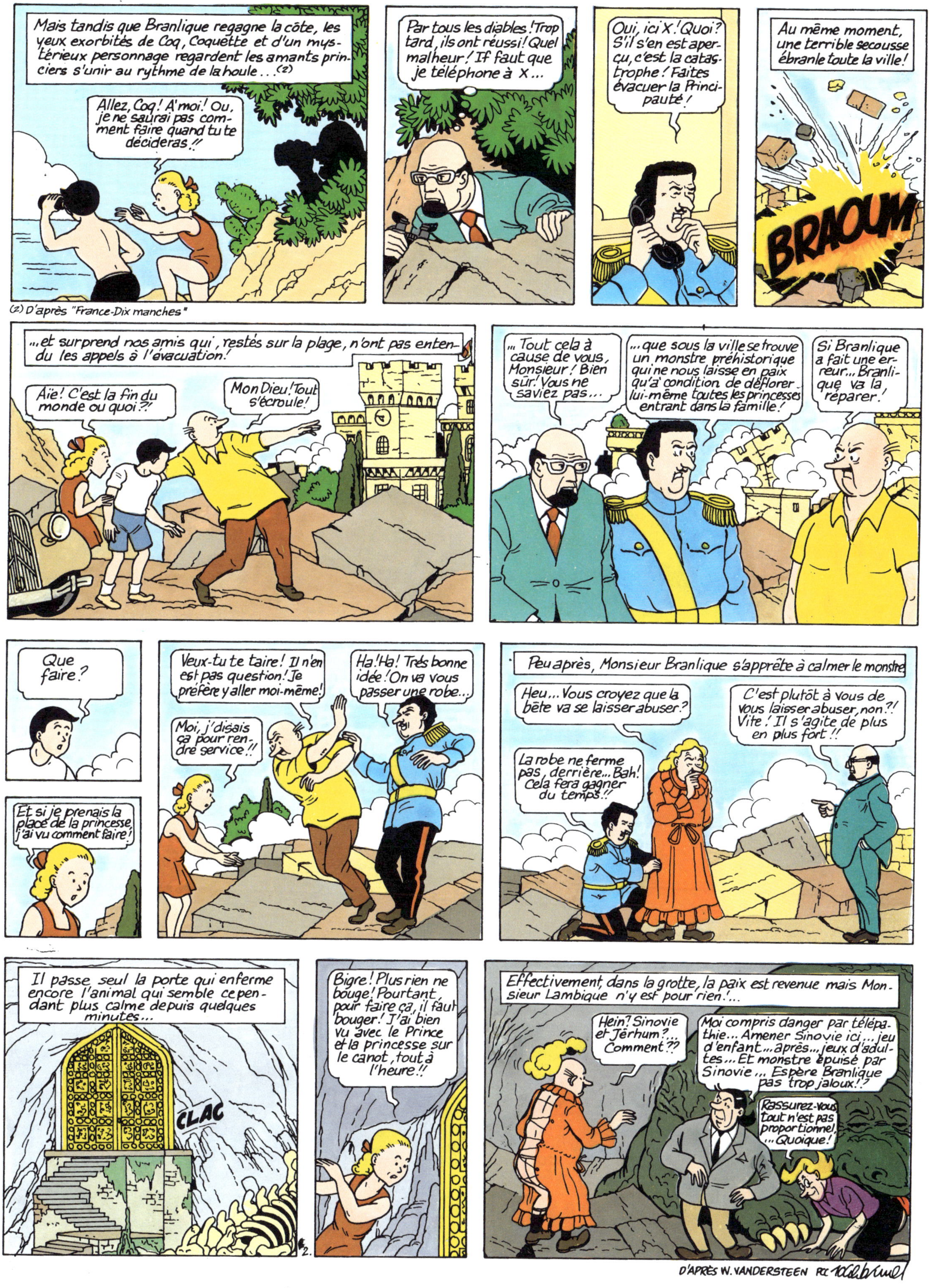
Mais tandis que Branlique regagne la côte, les yeux exorbités de Coq, Coquette et d'un mystérieux personnage regardent les amants princiers s'unir au rythme de la houle...(2)
Allez, Coq! A moi! Ou, je ne saurai pas comment faire quand tu te décideras!!
Par tous les diables! Trop tard, ils ont réussi! Quel malheur! Il faut que je téléphone à X...
Oui, ici X! Quoi? S'il s'en est aperçu, c'est la catastrophe! Faites évacuer la Principauté!
Au même moment, une terrible secousse ébranle toute la ville!
BRAOUM
...et surprend nos amis qui, restés sur la plage, n'ont pas entendu les appels à l'évacuation!
Aïe! C'est la fin du monde ou quoi?!
Mon Dieu! Tout s'écroule!
...Tout cela à cause de vous, Monsieur! Bien sûr! Vous ne saviez pas...
...que sous la ville se trouve un monstre préhistorique qui ne nous laisse en paix qu'à condition de déflorer lui-même toutes les princesses entrant dans la famille!
Si Branlique a fait une erreur... Branlique va la réparer!
Que faire?
Et si je prenais la place de la princesse, j'ai vu comment faire!
Veux-tu te taire! Il n'en est pas question! Je préfère y aller moi-même!
Moi, j'disais ça pour rendre service!!
Ha! Ha! Très bonne idée! On va vous passer une robe...
Peu après, Monsieur Branlique s'apprête à calmer le monstre
Heu... Vous croyez que la bête va se laisser abuser?
C'est plutôt à vous de vous laisser abuser, non?! Vite! Il s'agit de plus en plus fort!!
La robe ne ferme pas, derrière... Bah! Cela fera gagner du temps!!
Il passe seul la porte qui enferme encore l'animal qui semble cependant plus calme depuis quelques minutes...
CLAC
Bigre! Plus rien ne bouge! Pourtant, pour faire ça, il faut bouger! J'ai bien vu avec le Prince et la princesse sur le canot, tout à l'heure!!
Effectivement, dans la grotte, la paix est revenue mais Monsieur Lambique n'y est pour rien!...
Hein? Sinovie et Jérhum?... Comment??
Moi compris danger par télépathie... Amener Sinovie ici... jeu d'enfant... après... jeux d'adultes... Et monstre épuisé par Sinovie... Espère Branlique pas trop jaloux!?
Rassurez-vous tout n'est pas proportionnel! ...Quoique!

(2) D'après "France-Dix manches"

D'APRÈS W. VANDERSTEEN

Sec-sans-fer

EN CE TEMPS-LÀ, DANS LES QUATORZE CENTS... ON NE PENSAIT QU'À GUERROYER, À SOUDOYER, À FESTOYER ET SURTOUT À DÉVOYER, À RUDOYER, À DESTROYER, À COTOYER ET MÊME À LOYER MAIS MODÉRÉ. OYEZ!
Hi CHOUD!! (3)
PAUVRE ROY! LE MAL EST DE PLUS EN PLUS PROFOND!
QUEL MÂLE?
...ÇA ME PERMETTRA DE PASSER MON STOCK D'ANDOUILLES!
LA RÉSERVE DE BEURRE VA ENCORE Y PASSER!
ATTRAPE LA MOI! (2)
NE TOUCHEZ PAS AU ROY-FOL! VOUS ALLEZ LES LUI BRISER! (1)
GLING GLUNC
...NOUS COUCHERONS TOUS AVEC LA BELLE HÔTESSE... QUI REMUE L'CUL SANS BOUGER LES FESSES!
GLING CLINC
...DES "DESSOUS DE TABLE"?!... DÉJÀ?!

(1) LE ROY SE CROYAIT DE VERRE (AUTHENTIQUE, L'HISTOIRE... PAS LE VERRE!). (2) DEVISE DES ARMAGNACS • (3) "JE LA TIENS!" (DEVISE DES BOURGUIGNONS.

PENDANT CE TEMPS, AU CHÂTEAU DU TERRIBLE SEC-SANS-FER...
SIRE BARON, VOTRE MARRAINE, LA SORCIÈRE BRANLADE VOUS MANDE EN SA CAVERNE!
AH! JE DÉFAILLE! AURAIT-ELLE ENFIN PRÉPARÉ CE PHILTRE POUR MA DOULCE CREUDELÈNE ?!
À PROPOS DE BRANLADE...
...TERMINÉ, MON BALAI!... SEC, LE BEAU CHEVALIER VA ARRIVER... ALANUS... VOIS SI MON PHILTRE BOUT?!...
SI ÇA MARCHE, JE POURRAIS PRENDRE LE BALAI, MOI AUSSI... HEIN? DIS?!
À CONDITION DE MÉNAGER TES ARRIÈRES!
BIEN, MAMAN!
TA MÈRE EST LÀ, ALANUS?
OUI, ELLE SE FAIT BELLE... ELLE A DIT QUE TU LA TENDES... OU QUELQUE CHOSE COMME ÇA!
AVANT QU'ELLE NE SOIT BELLE, J'AI LE TEMPS DE LA...
OH! MAIS?
...JE RÊVE!... LA PRINCESSE CREUDELÈNE QUI S'OFFRE À MOI?... BRANLADE AURAIT DONC RÉUSSI À LUI FAIRE INGURGITER SON PHILTRE D'AMOUR!?...
VIENS VITE, BEAU SEC! AS-TU PEUR DE ROUILLER TON ARMURE?
APRÈS LE PHILTRE, TU VEUX ESSAYER LE PAQUET... RIGIDE?!
HÉ! L'ARMURE, ÇA CONSERVE!... QUESTION DE SAVOIR-FER!!
CLANG CLING
MAIS SOUDAIN, FOU DE JALOUSIE, LE BALAI DE BRANLADE...
MAUDIT BALAI, TU VAS ROMPRE L'ENCHANTEMENT! RETIRE-TOI!!
AÏE! OH, CE DARD! (4) S'IL POUVAIT NE ROMPRE QUE ÇA! AÏE!
CHTANG
...ET SEC-SANS-FER AFFRONTE LA DURE RÉALITÉ...
ALORS, JE SUIS LE SEUL À NE PAS ÊTRE EN-BALAI DANS L'HISTOIRE?
CIEL! CE N'ÉTAIT PAS CREUDELÈNE... MAIS CETTE SORCIÈRE DÉFRAÎCHIE!!
QUOI?.. PAS FRAÎCHE, LA MOULE DE MARRAINE?! J'TE DEMANDE PAS LA DATE DE PÉREMPTION DE TON SEXE EN BOÎTE!

(4) DES HISTORIENS AFFIRMENT QUE C'EST LÀ, L'ORIGINE D'UNE MARQUE DE BALAI.

D'APRÈS J.L. PESCH - PCC

SPORGHERSI & PERICOLOSO

AH! SPORGHERSI! ZÉ TÉ CHERCHAIS! Z'AI TROUVÉ OUNE BOULOT! ON DÉBOUTE CÉ MATIN! ZÉ VAIS T'EXPLIQUER
AÏE, AÏE! AVEC TOI, ZE MÉ MÉFIE!
RUE GREG
VOILÀ! Z'EN ÉTAIS SOUR! ON VA À LA CATASTROPHE! ZE NE SOUIS PAS OUNE ACTEUR
MA! ZOUSTEMENT! ILS VEULENT DEUX COUISINIERS ITALIENS TRÈS NATOURELS... ET ON SERA NOURRIS!!
NOURRIS?! TOU NÉ POUVAIS PAS LÉ DIRE PLOUS TÔT! ALORS? ILS SONT OÙ, TES STOUDIOS?!!
PLOUS TARD...
ÇA VA COMME ÇA, LE POIGNET?!
T'AS BIEN COMPRIS, COCO? TU ÉPICES ET TU MANGES AVEC UN GRAND SOURIRE! O.K.!
APRÈS, ON PREND LE SECOND ACTEUR!
BIEN PLOUS TARD...
SPOT PUB "ÉPICES DUGROS"... 2/69 ÈME!!
ALORS, TU SECOUES TRÈS FORT ... ET TU AVALES! HEIN, COCO?!
ENCORE PLOUS TARD...
HOULA! EFFICACES, CES ÉPICES!!
SI! POURQUOI QUAND IL DISAIT "READY"... IL MÉ REGARDAIT?!
LOGE
ON NÉ PEUX PAS RESTER DANS CET ÉTAT... ZÉ PRENDS OUNE DOUCHE PENDANT LA PAUSE... TOU VIENS?
NON! POUR OUNE FOIS QUÉ ÇA M'ARRIVE... ZÉ PRÉFÈRE RESTER COMME ÇA!!
HÉ, LÀ! VOUS 2! PENDANT QUE VOUS AVEZ LA FORME...
... ON TOURNE LA SCÈNE DE PARTIE DE JAMBONS DANS LA CUISINE... ET ÇA VA ÊTRE SALÉ!... JUSQU'À L'OS!!
C'EST LE PLATEAU D'À CÔTÉ QUI DEMANDE SI ON N'A PAS VU DEUX...
POUR ÊTRE ENGAGÉS... ON EST ENGAGÉS! Z'AI LES ZAMBONS QUI FLAGEOLENT!!
C'EST OUNE FILM PROFOND! ...
SILENCE! CHUT!!
DRÔLEMENT ÉPICÉE, CETTE PUB-BIS!!
HÉ! L'ACCESSOIRISTE! CE JAMBON/BEURRE ... ÇA ARRIVE?!
PEUT-ÊTRE OUNE WESTERN SPAGHETTI... ILS PARLENT DE GORGES PROFONDES!!
CHOUT!
SHOUT? OK! MOTEUR
... ÇA SERT À QUOI QU'ON SE DÉCARCASSE?!
... IL M'A DIT CHOUTTE... AH, BEN CELLE-LÀ, ALORS!!
Les Pateuses

D'APRÈS ATTANASIO Rc. [signature]

LEGLAND
Dans sa voiture de sport, le célèbre reporter Guy Legland est songeur...
Enfin, je vais retrouver Jean Phil pour sa deuxième semaine de vacances! Pourvu qu'il n'ait pas pris de mauvaises habitudes avec le commissaire Panard!..
Panard est même à l'heure! Merveilleux! Mais, je ne vois pas Jean Phil?... Sûrement caché pour me faire languir... Coquin, va! ...Un coup de klaxon!..
PWHÂ
!?
...Il ne se montre pas? Inquiétant! ...
75708D75
Bonjour Lefranc! Je vais être gland avec... heu... c'est l'inverse! Voilà! Jean Phil a disparu!.. Il y a deux jours avec une... ...une jeune fille!
...Le portier de l'hôtel les a vus!
...Une jeune fille?... Fugue en raie mineure, alors?... Mais je n'ai pas le cœur à rire!... Et déjà deux jours... et deux nuits?!
Il a même laissé un mot: « Chers Parrains Panard et Legland, J'ai découvert l'autre coté des choses avec Pearl... Jean-Phil. » C'est tout. J'ai essayé de vous toucher mais vous étiez en reportage au Centre Spatial de Koumou...
Oui, ça m'arrive parfois! Mais pour revenir à Jean-Phil... Il a beaucoup grandi, mais pas à ce point! Il doit y avoir autre chose!
Et un peu plus tard...
Ça ne va pas être facile de trouver un indice... Le portier ne sait plus si elle était brune ou blonde... La plupart des vacanciers sont partis... On n'a que le billet! Vous l'avez bien lu Panard?!.. Il y a peut-être un code?...
Il a écrit « l'autre coté des choses »... Essayons à l'envers. Jean Phil... Pearl... avec... Non! Ça ne veut rien dire!
Bon sang, Panard! Ecoutez ça!... Si je prends les majuscules: C... P... P... L... J... P... J... P... et que je remplace C par A, P par X, le deuxième P par E, le L par B... J par O... le troisième P par D, le second J par D et le dernier P par L... J'obtiens A... X... E... B...
AXE BORDL![1]
J'aurais dû m'en douter!
Chers Parrains Panard et Legland J'ai découvert l'autre coté des choses avec Pearl Jean Phil
Axe Bordl! Encore lui! Je croyais m'en être débarrassé![1] Mais où a-t-il caché notre Jean Phil et pourquoi?
Si c'est bien lui, nous aurons sûrement bientôt des nouvelles!
Tiens! Qu'est-ce que je disais! Notre ami Bordl viendrait-il nous éclaircir sur ce point?... Vous prenez Legland... J'ai les mains prises avec ma pipe!
DRING
DRING
DRING
Allo?... Bordl?... C'est vous! Vivant? Comment?.. Vous vous en êtes tiré plus que je ne crois?..Ah! Vous avez fait la belle! Non? Vous vous êtes fait?. Mais, c'est le verbe avoir qu'il faut mettre!... Non? Ce n'est pas ça?!. Bon! J'écoute... Ce soir à Venise... Seul... Avec les photos de mon reportage à Koumou... si quoi?... si je veux revoir Jean Phil... puceau!?!.. J'y serai, canaille!!
Mille diables! Qu'a-t-il inventé pour pervertir ce petit? Peut-être qu'il lui a déjà fait ôter sa pèlerine ou son béret! Vite, Legland!

(1): voir tous les autres albums.

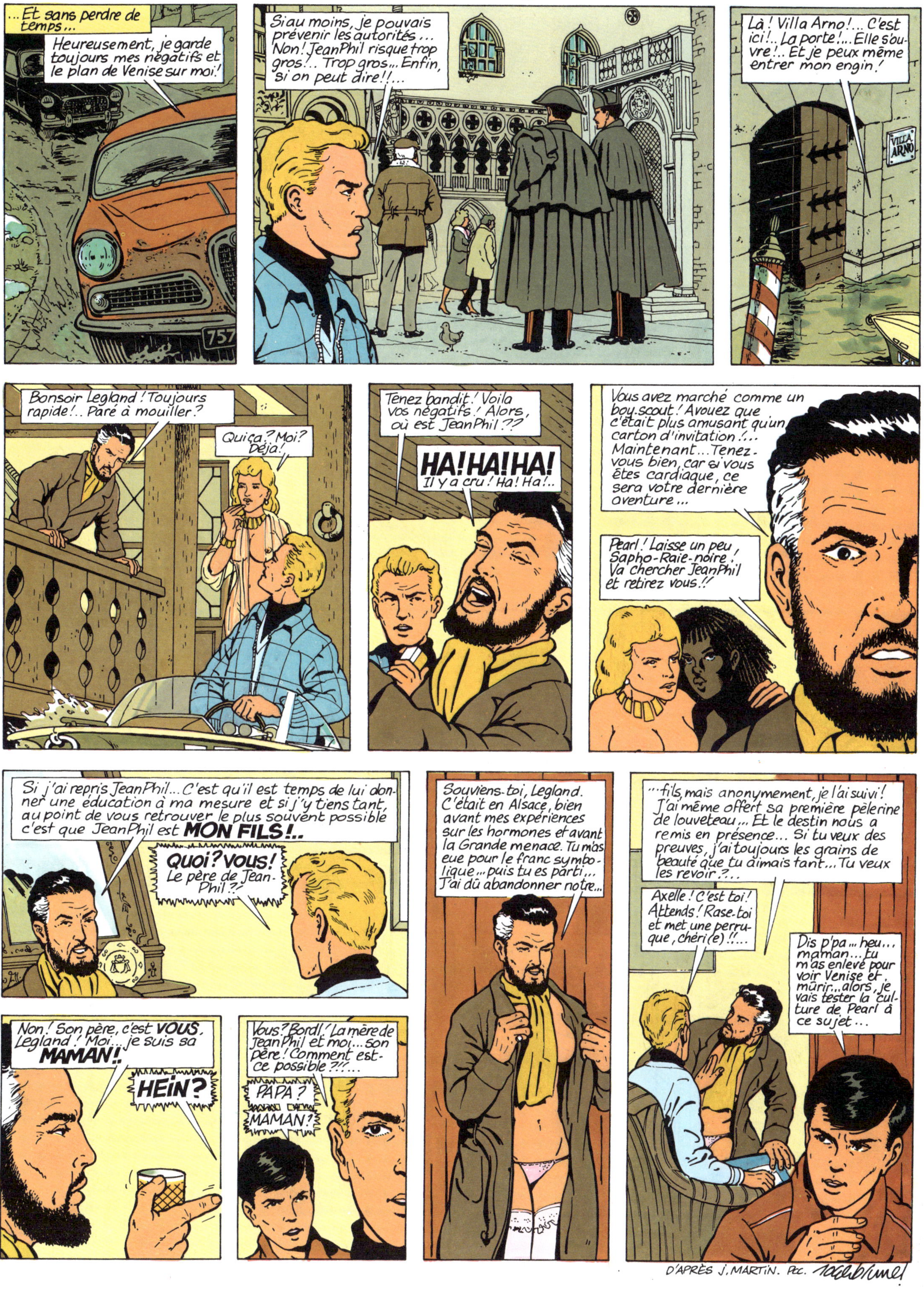

...Et sans perdre de temps...
Heureusement, je garde toujours mes négatifs et le plan de Venise sur moi !
757
Si au moins, je pouvais prévenir les autorités... Non ! JeanPhil risque trop gros !.. Trop gros... Enfin, si on peut dire !!...
Là ! Villa Arno !... C'est ici !.. La porte !... Elle s'ouvre !.. Et je peux même entrer mon engin !
VILLA ARNO
Bonsoir Legland ! Toujours rapide !.. Paré à mouiller ?
Quiça ? Moi ? Déjà !
Tenez bandit ! Voila vos négatifs ! Alors, où est JeanPhil ?!?
HA!HA!HA!
Il y a cru ! Ha ! Ha !..
Vous avez marché comme un boy-scout ! Avouez que c'était plus amusant qu'un carton d'invitation !... Maintenant... Tenez-vous bien, car si vous êtes cardiaque, ce sera votre dernière aventure...
Pearl ! Laisse un peu Sapho-Raie-noire ! Va chercher JeanPhil et retirez vous !!
Si j'ai repris JeanPhil... C'est qu'il est temps de lui donner une éducation à ma mesure et si j'y tiens tant, au point de vous retrouver le plus souvent possible c'est que JeanPhil est MON FILS !..
QUOI ? VOUS ! Le père de JeanPhil ?!
Souviens-toi, Legland. C'était en Alsace, bien avant mes expériences sur les hormones et avant la Grande menace. Tu m'as eue pour le franc symbolique... puis tu es parti... J'ai dû abandonner notre...
...fils, mais anonymement, je l'ai suivi ! J'ai même offert sa première pèlerine de louveteau... Et le destin nous a remis en présence... Si tu veux des preuves, j'ai toujours les grains de beauté que tu aimais tant... Tu veux les revoir ?!..
Axelle ! C'est toi ! Attends ! Rase-toi et met une perruque, chéri(e) !!...
Dis p'pa... heu... maman... tu m'as enlevé pour voir Venise et mûrir... alors, je vais tester la culture de Pearl à ce sujet...
Non ! Son père, c'est VOUS, Legland ! Moi... je suis sa MAMAN !..
HEIN ?
Vous ? Bordl ! La mère de JeanPhil et moi... son père ! Comment est-ce possible ?!!...
PAPA ?
MAMAN ?
D'APRÈS J. MARTIN. Pcc.

Malfada

TU SAIS QUE MON PÈRE VEUT OUVRIR UN RAYON SEX-SHOP DANS LA BOUTIQUE ?
HEIN ?
ÇA VA RÉDUIRE LA VENTE DE CERTAINS LÉGUMES OBLONGS !
AH, BON ? TU CROIS QUE NIQUELITO ET FEPIPE NE VIENDRONT PLUS !
ON PEUT SAVOIR CE QUE VOUS AVEZ CONTRE LES BLONDS ?
1
C'EST L'HISTOIRE D'UNE MAÎTRESSE ...
VAS-Y !
... QUI DIT À SES ÉLÈVES : ...
" SORTEZ VOS AFFAIRES " ...
... ET ILS LES SORTENT HA ! HA !
?
?
?
J'AI DÛ OUBLIER QUELQUE CHOSE ?!
2.
... SORTEZ VOS AFFAIRES ...
3.
ÇA Y EST ! J'AI COMPRIS TON HISTOIRE, NIQUELITO ! C'EST ÇA, LES AFFAIRES À SORTIR ?
OOH, OUI ! PLUS FORT... AAAH ! TU ME RENDS FOLLE !! ...
AAH ! JE N'Y TIENS PLUS ! OUÎÎÎOUI ! NOON ! SIIIHIII !
4.
NON À LA SIMULATION !!!
AAH ! ENCORE ! ...

D'APRÈS QUINO. PCC

Molesse et Pompette

POMPETTE VA ÊTRE SURPRISE DE ME REVOIR !... PÉNIX A DÛ VEILLER SUR ELLE ...
SUR ELLE ! PÉNIX !!
JE NE M'ATTENDAIS PAS A ÇA !?(1)
'LUT, MOLESSE ! ... TU NE ME CROIRAS PAS ! HÉ ? ...
(1) NOUS, SI !!
JE M'EN VAIS TE METTRE LES CHOSES AUX POINGS !!
OH, NON ! MOLESSE ! ... PAS LES POMPONS ?!
ATTENDS ! JE RETIRE CE QUE J'AI DIT ... ET LE RESTE !
DIRE QUE JE ME RETIENS DEPUIS DES ANNÉES !
JUSTEMENT ! AVEC POMPETTE ON SE RAPPELAIT TON GAG DE LA BALANÇOIRE ...
TIENS, REGARDE ! ...
SIMPLE ! POMPETTE SE FAIT BRONZER ... JE ME BALANCE ... ET ...
... JE GLISSE ... MA CEINTURE S'ACCROCHE ... ET TOC !
... MISE EN SERVICE DE SUPER PÉNIX ! ...
... ATTENTION AUX FISSURES !
EH !
ATTENTION ! QUE FAIS-TU MOLESSE ?!
JE RENTRE DANS VOTRE JEU ! ... JE RECONSTITUE !
CRAC
POURQUOI PRENDRE LE LARGE QUAND ON PEUT PRENDRE LES TROIS !
APRÈS UN TEL COUP, ON VA ENCORE CHANGER DE DESSINATEUR !
AH, NON ! PAS D'INTERMÉDIAIRES !!
PFF ! ... ET C'EST MOI QU'ON ACCUSE DE FAIRE DES TROUS !?

P.C.C. D'APRÈS FRANQUIN

RICH OQUET

C'EST UNE BIEN ÉTRANGE RAISON QUI RAMENAIT CE SOIR-LÀ, LE JOURNALISTE RICH OQUET À ROSEVILLE... LA PLUIE ÉTAIT AU RENDEZ-VOUS MAIS N'ÉTAIT PEUT-ÊTRE PAS LA SEULE CAUSE DE L'HUMIDITÉ AMBIANTE !...
DONG.. DONG.. DONG..
... DRÔLE DE RETROUVER CE VILLAGE OÙ LE COMMISSAIRE BOURREDONC ET MOI, AVONS MENÉ UNE DE NOS PLUS LONGUES ENQUÊTES...
... ET ME VOILÀ OBLIGÉ D'ENQUÊTER CONTRE LUI... ET À SON INSU ! TOUT ÇA À CAUSE DE CE COUP DE FIL ANONYME !...
ALLO ! MONSIEUR OCHET ?... J'APPELLE À PROPOS DE VOTRE AMI, LE COMMISSAIRE BOURREDONC ... CELUI QUI A TENTÉ DE ME VIOLER PENDANT L'ENQUÊTE ET QUI...
QUOI ?!
... ET ELLE A AJOUTÉ QU'ELLE N'ÉTAIT PAS LA SEULE ! SACRÉ BOURREDONC ! IL A PROFITÉ DE L'AFFAIRE POUR... PLACER LA SIENNE... LE VIOL DU BOURREDONC, QUOI !?
LE LENDEMAIN, DE BONNE HEURE, RICH OQUET QUITTE L'HÔTEL DES DEUX GLOBES...
EH BIEN, RICH ? ON NE POUSSE PAS LES INVESTIGATIONS PLUS LOIN ?
HEU... NON... JE DOIS INTERROGER LES AUTRES PENDANT QUE LEURS MARIS SONT AU TRAVAIL !
PLUS TARD...
BONJOUR M'DAME !... N'AURIEZ-VOUS PAS EU À VOUS PLAINDRE DE CET HOMME ?... BIEN SÛR, VOUS POUVEZ NE PAS RÉPONDRE...
MAIS, J'Y TIENS ! JE VAIS MÊME VOUS DONNER DES DÉTAILS !
ENCORE PLUS TARD
VOILÀ ! JE VOUS AI DÉVELOPPÉ TOUTE L'AFFAIRE... JE FINIS ?
OH, OUI ! VOTRE JEU DE PAUME ME FAIT COMME UN SERREMENT !
1.

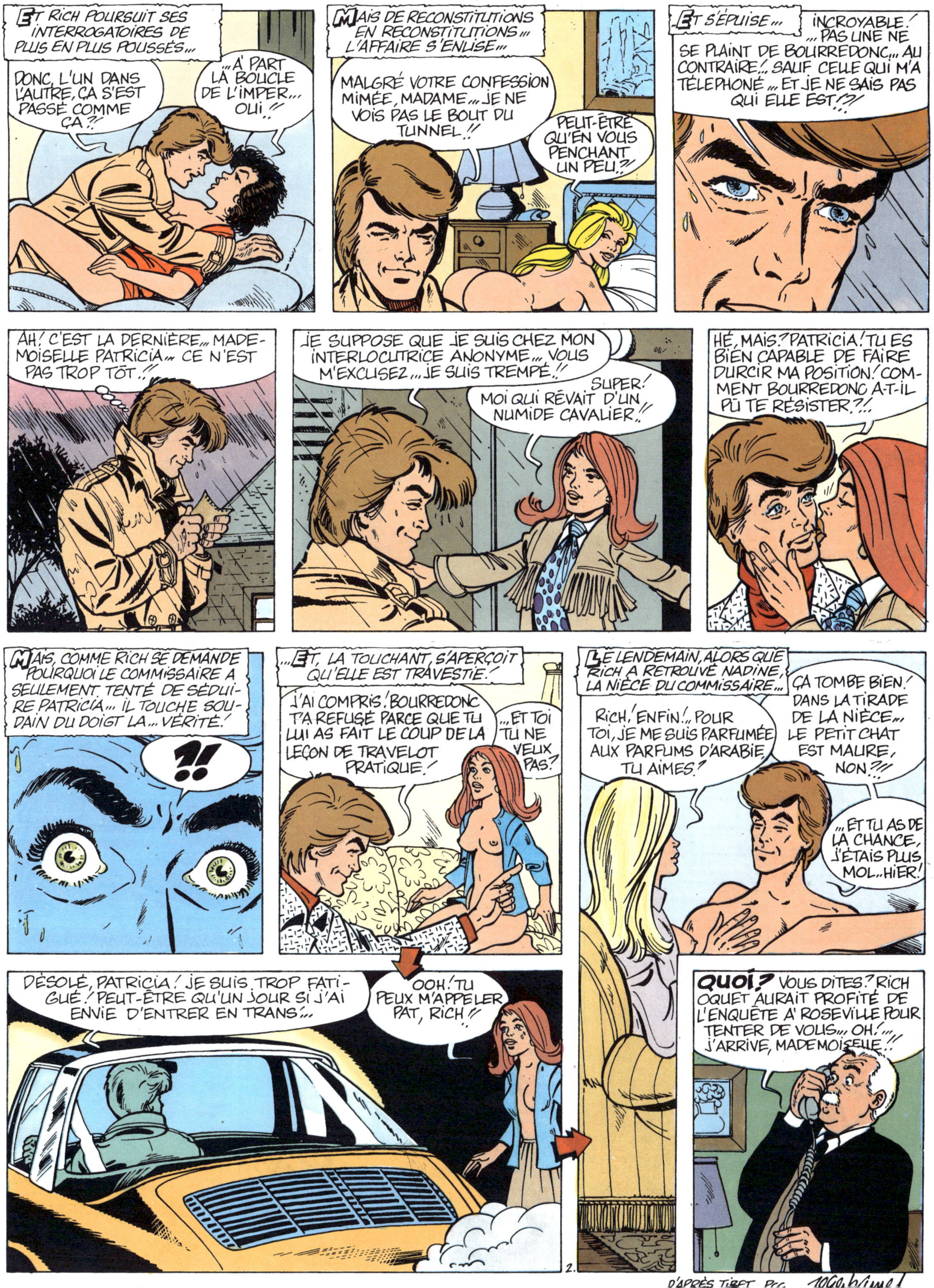
ET RICH POURSUIT SES INTERROGATOIRES DE PLUS EN PLUS POUSSÉS...
DONC, L'UN DANS L'AUTRE, ÇA S'EST PASSÉ COMME ÇA ?!
...À PART LA BOUCLE DE L'IMPER... OUI !!
MAIS DE RECONSTITUTIONS EN RECONSTITUTIONS... L'AFFAIRE S'ENLISE...
MALGRÉ VOTRE CONFESSION MIMÉE, MADAME... JE NE VOIS PAS LE BOUT DU TUNNEL !!
PEUT-ÊTRE QU'EN VOUS PENCHANT UN PEU ?!
ET S'ÉPUISE...
INCROYABLE ! ...PAS UNE NE SE PLAINT DE BOURREDONC... AU CONTRAIRE !.. SAUF CELLE QUI M'A TÉLÉPHONÉ ... ET JE NE SAIS PAS QUI ELLE EST !?!
AH ! C'EST LA DERNIÈRE... MADEMOISELLE PATRICIA... CE N'EST PAS TROP TÔT !!
JE SUPPOSE QUE JE SUIS CHEZ MON INTERLOCUTRICE ANONYME... VOUS M'EXCUSEZ ... JE SUIS TREMPÉ !!
SUPER ! MOI QUI RÊVAIT D'UN NUMIDE CAVALIER !!
HÉ, MAIS ? PATRICIA ! TU ES BIEN CAPABLE DE FAIRE DURCIR MA POSITION ! COMMENT BOURREDONC A-T-IL PU TE RÉSISTER ?!
MAIS, COMME RICH SE DEMANDE POURQUOI LE COMMISSAIRE A SEULEMENT TENTÉ DE SÉDUIRE PATRICIA... IL TOUCHE SOUDAIN DU DOIGT LA... VÉRITÉ !
?!!
...ET, LA TOUCHANT, S'APERÇOIT QU'ELLE EST TRAVESTIE !
J'AI COMPRIS ! BOURREDONC T'A REFUSÉ PARCE QUE TU LUI AS FAIT LE COUP DE LA LEÇON DE TRAVELOT PRATIQUE !
...ET TOI TU NE VEUX PAS ?
LE LENDEMAIN, ALORS QUE RICH A RETROUVÉ NADINE, LA NIÈCE DU COMMISSAIRE...
RICH ! ENFIN !.. POUR TOI, JE ME SUIS PARFUMÉE AUX PARFUMS D'ARABIE, TU AIMES ?
ÇA TOMBE BIEN ! DANS LA TIRADE DE LA NIÈCE... LE PETIT CHAT EST MAURE, NON ?!!
...ET TU AS DE LA CHANCE, J'ÉTAIS PLUS MOL.. HIER !
DÉSOLÉ, PATRICIA ! JE SUIS TROP FATIGUÉ ! PEUT-ÊTRE QU'UN JOUR SI J'AI ENVIE D'ENTRER EN TRANS !..
OOH ! TU PEUX M'APPELER PAT, RICH !!
QUOI ? VOUS DITES ? RICH OQUET AURAIT PROFITÉ DE L'ENQUÊTE À ROSEVILLE POUR TENTER DE VOUS... OH !... J'ARRIVE, MADEMOISELLE !!
2.
D'APRÈS TIBET

LES CASTREURS

CE JOUR-LÀ, AL PUSSEL ET SON COMPÈRE COCKOWSKY S'ENNUYAIENT FERME DANS LEUR PATROUILLEUSE...
SURTOUT, NE T'ENDORS PAS COCK !!
ALORS, POUPÉE... IL EST ASSEZ GROS MON TRUCK ?
... QUAND SOUDAIN...
OOH ! REGARDE ! CE N'EST PAS BANAL, ÇA !!
ÇA ALORS ! ON DIRAIT QU'ILS SE... MAIS, IL VA LUI FAIRE MAL !!
EH, NON. REGARDE ! IL Y A DE L'HUILE !!!
C'EST QUOI VOTRE LUBRIFIANT ? JE N'AI RIEN SENTI !!
SPEED LIMIT 40
PAF 69
MOI, ÇA ME DONNE DES IDÉES, ÇA ! TIENS ! UNE AUTOSTOPPEUSE ! STOP !!
TOI, ALORS ! T'ES PRESQUE PAS OBSÉDÉ !! ... JE PRÉPARE UNE PIÈCE !
HEY, AL ! PILE OU FACE ?
QUI ? LA PETITE ?!
NON ! POUR SAVOIR QUI RESTE AU VOLANT !!
COCK ! ZIGZAGUE UN PEU... C'EST MEILLEUR... MERCI !
ME RESTE AU MOINS LE PLAISIR DE LA CONDUITE !!
VROO
PAF 69
QUELQUES MILLES PLUS LOIN...
AH, NON ! C'EST TROP !! JE N'Y TIENS PLUS ! PASSE UN PEU DEVANT, PETITE !! VITE !!
AA AAAA
HÉ ! ATTENTION AUX CREUX !!
O.K. ! BOSS ! JE VAIS RAIDIR UN PEU MA CONDUITE !!
HÉLAS, L'INSTANT D'APRÈS...
ATTENTION !!!
UN TRACTEUR QUI TRAVERSE... UN MALHEUREUX COUP DE DENTS ... ET LE PROCHAIN ÉPISODE... S'APPELLERA : LES CASTRÉS !
D'APRÈS DENAYER. Pcc

NÉOLARD

ET LE GENIE DE MENTIR...OH!

DISCIPLUS ERECTUS
HiiiiiiHOO OHi
HAAAAA AH
QUOI! UN RIRE DE FEMME, ICI ?! QU'A ENCORE INVENTÉ MON GÉNIE DE MAÎTRE ?!...
¡HIIIIIIIIII HAAAAAAAA
ZUT! LA CLEF M'EMPÊCHE DE VOIR CE QU'IL FAIT!!
ALLEZ! TANT PIS... JE PÉNÈTRE!...
AAAAAH!
UNE CHOSE PAREILLE, ÇA NE S'INVENTE PAS!!
AH! VOUS TOMBEZ BIEN, DISCIPLE! J'ALLAIS VOIR SI ELLE MARCHE AUSSI DE L'AUTRE CÔTÉ... PRENEZ MA PLACE!!
HEU! C'EST LÀ QU'IL FAUT, MAÎTRE ?! HEU... ET QU'EST-CE QUE JE FAIS ?!...
REMUEZ D'AVANT EN ARRIÈRE!... SINON, ÇA NE MARCHERA PAS! AGL!
BEN! VOUS VOYEZ! ÇA FONCTIONNE! J'SUIS PAS MANCHE!
OUI, MAIS ARRÊTEZ! VOUS ALLEZ VOUS BLESSER!
¡HIIIIIIIHOOOHAAA
...TROP DANGEREUSE, MA "BOÎTE À RIRES" JE VAIS PLUTÔT M'ORIENTER VERS UN MODÈLE CYLINDRIQUE QU'ON TOURNERA DANS SA MAIN!...
ET SI VOUS INVENTIEZ UN BANDAGE ÉLASTIQUE?
HiHiiiiiiHOO
HiHiiiiiiooooooo...
"LA RIRETTE"
APRÈS TOUT, LE RIRE EST LE PROPRE DE L'HOMME NON ?!...
...JE SECOUE, MAIS ÇA NE VEUX PAS RIRE!!

P.C.C. D'APRÈS TURK & DE GROOT

Natachatte

L'AEROPORT INTERNATIONAL...
PEU DE PASSAGERS, HEIN, WALTHER ?.. C'EST POUR ÇA QU'ON N'EST QUE DEUX !
OUI, BEAUCOUP DE DÉMISSIONS DANS NOTRE MÉTIER EN CE MOMENT !!
DARPAF
DARAF
ENCORE UN VOYAGE OÙ L'ON AURA DU TEMPS LIBRE !... HMMM ?
JE VAIS POUVOIR LIRE UN PEU PAR EXEMPLE !
TRÈS MAUVAIS EXEMPLE !
METTONS-NOUS À L'AVANT... CE SERA PLUS FACILE...
ENCORE UN TIERCÉ QUE JE NE VAIS PAS TOUCHER !
... À CROIRE QU'ILS ONT LOUÉ L'AVION ENTIER !...
NATACHATTE !
... VOUS SAVEZ QUE JE VOUS ATTENDS DANS LA CABINE DE PELOTAGE APRÈS LE DÉPART.
?
... J'AI BIEN ENTENDU... PELOTAGE, NON ?! LAPSUS RÉVÉLATEUR, ÇA !!
JE SUIS UN PEU L'OTAGE ...
LAPPE... SUCE !.. C'EST BIEN ELLE QU'IL ME FAUT POUR LA... POUR LE MAÎTRE !!
PUIS... VOUS TIREZ ICI...
... SANS BOUÉE, ELLE EST BONNE POUR L'A.T.T. *
PAR LA BARBE DU PROPHÈTE, ÇA GONFLE ! ... MOI AUSSI !
FLOC
DARPA
* ATTERRISSAGE TOUS TEMPS
HELLO, NATACHATTE ! FERMEZ LA PORTE !
QUE FAIT-ON ?.. L'ATTERRISSAGE GLISSANT... LE TRAIN QUI NE SORT PAS... LE VIEUX BLEU SUR CANAPÉ ...
NON ! VOUS POUVEZ VOUS RHABILLER... VOUS AVEZ VU LES PASSAGERS... EH, BIEN, IL FAUT QUE ...
AÏE AÏE !
... JE VOUS AVOUE QU'ILS M'ONT COMPROMIS DANS UNE HISTOIRE DE MOEURS... ET AUJOURD'HUI, ILS NOUS TIENNENT !... LE PLUS SURPRENANT...
QUE VEULENT-ILS ?
... CE N'EST PAS L'AVION QU'ILS DÉSIRENT... MAIS VOUS ! VOUS ET WALTHER.. !
MOI !.. ÇA SE COMPREND... MAIS WALTHER ?!
AÏE ! LÂCHEZ-MOI ! QUOI ?! VOUS VOULEZ LE MÂLE DE L'AIR ?
1.
TOUS LES GOÛTS SONT DANS LA NATURE... DES CHOSES, MA CHÈRE... COMMANDANT !! LAISSEZ LE MANCHE À MON PILOTE !...
AÏE ! PAS FOU, NON ?

... QUELQUES INSTANTS APRÈS ...
NOUS VOICI CHEZ MON MAÎTRE! ...
REMARQUABLE ATTERRISSAGE! ... QUEL EST LE NOM DU PILOTE?! ...
... DEULIGNEU!
... CHAPEAU!
VOILA! VOTRE COMMANDANT REPARTI SANS LA BOÎTE NOIRE ... HÉ! HÉ! 'VAUDRA MIEUX POUR LUI, SAVOIR EXPLIQUER VOTRE ABSENCE! ...
TCHIIIIIIIII
QUE VONT-ILS FAIRE DE NOUS?! ILS PARLAIENT D'UN SOI-DISANT PALAIS?!
AH! J'AVAIS COMPRIS: "SOIT ... DIX EMPALÉS" OUF!
PLUS TARD
OH! WALTHER! VOUS VOYEZ CE QUE JE VOIS?
VOICI VOTRE COMMANDE, MAÎTRE!
... AUTANT QUE JE SENS CE QUE VOUS SENTEZ!
TAP
APPROCHEZ, PETITS ... JE SUIS LE PRINCE DEYLPOR TEFNEYTR ... HEUREUX DE VOUS AVOIR DANS MA COLLECTION!
UNE COLLECTION?
C'EST ÇA! ... UNE HÔTESSE, UN STEWARD DE CHAQUE COMPAGNIE!
HÉHÉ! VOUS AVEZ SAISI!! VOUS CHANGEZ D'APPAREIL ... MAIS GARDEZ LE CHAPEAU!!
... NE CRAIGNEZ RIEN DES STEWARDS! LES FORTES ... TÊTES ... J'EN FAIS DES EUNUQUES! ILS N'Y COUPENT PAS!
MOI QUI AI EU LA BOURSE DE LA VOCATION! ...
SOUDAIN
DING DONG
LES PASSAGERS SONT PRIÉS DE RETIRER LEUR PLAN DE VIOL ...
HÉLA! PAS TOUCHE! ... SINON ILS SE FONT LA PAIRE!
ALLEZ! VITE! LES CLIENTS SONT PRESSÉS SUR LES LIGNES D'AIR HAREM! ... ET ILS PAIENT CHER!
OH! UN BOEING AVEC UN SIMULATEUR DE VOL!
... LES PASSAGERS, EUX, N'ÉTAIENT PAS DES SIMULATEURS! ...
N'AIE PAS PEUR NATACHATTE ... CE N'EST QU'UN BALAISE PASSAGER!
SEX FREE SHOP ... DEMANDEZ LES PRODUITS DÉSAXÉS!
PROPULSION EUNUQUE ... LÉAIRE?!
NON! C'EST DU K'ÉROGÈNE
HÉ! JE SUIS L'AIGUILLON DU CIEL!
NON! ÇA, C'EST RÉSERVÉ AUX PREMIÈRES CLASSES!! ..
TOURNÉ VERS LA MECQUE, MEC ... C'EST MEILLEUR!
SUR L'AILE OU LA CUISSE? ...
PAY DAY! PAY DAY PAY PAY
COMMANDANT. J'AI UN POIL À LA SOUTE!
NON! ÇA C'EST UN TROU D'HÈRE!
OH! MAIS T'ES UN EUNUQUE?
OUAIS! T'AS PAS DEUX BALLES ?!
MIEUX QUE LES PORTE-CLÉS, MA COLLECTION?
C'EST QUAND LE PASSAGER ... DURE ... QUE C'EST BON!
PCC D'APRES WALTHÉRY

YAKARIRE

?
PLEINE LUNE M'A POURTANT BIEN DIT QU'ELLE M'ATTENDRAIT ICI ?
YAKARIRE ! TU ATTENDS TA PETITE AMIE ?!
?
AH, C'EST TOI, DEUX-LAMES ? TU SAIS OÙ ELLE EST ?
... AVEC NANABOZIZI... SON TOTEM ...
PRÈS DE LA RIVIÈRE !
CHOUETTE C'EST DONC LE JOUR !! ...
PETIT TÉNOR !
OUIIII ! CHÉRI... JE VIENS !!
TU DIS QUE TU VIENS ET TU T'EN VAS !?

OH! MAIS, IL LA TOTEMISE !!
DIRE QUE J'AI FAILLI A' UNE SAILLIE POUR VOIR ÇA !!
DIS... JE PEUX ESSAYER ?!
?
D'ACCORD! ATTENTION! FERME LES YEUX!!
TU PEUX Y ALLER !!
POP
2.
JE NE M'ATTENDAIS PAS A' ÇA!
MOI, NON PLUS!
MOI, SI!
FORCÉMENT... ON COMMENCE PAR FAIRE PARLER LES CHEVAUX ET...
CHHT! IL Y A DÉJA TROP DE TEXTE. AHLALA!
AHLALÂÂ! J'AI BIEN ENTENDU. AHLALAA.
28. III 1984.
D'APRÈS DERIB.

LES TUNIQUES BELUES

CE JOUR-LÀ, ALORS QUE LA GUERRE DE SÉCESSION NE CESSAIT PAS... C'EST SÛR !...*
CHAARGEZ !
AÏE ! CETTE FOIS, JE SUIS BON POUR LE RAPPORT !
J'ESPÈRE. ALLEZ ! DÉCHARGE !
US

* HOMMAGE À ROGER ET JEAN-MARC

?!
RUTCH !... AVEC LA NIÈCE DU CAPITAINE !? AU RAPPORT ! TOUT DE SUITE !
OK, SERGENT ! JE LE FAIS EN TROIS EXEMPLAIRES SUR FOND ROSE ! YÉK ! YÉK ! YÉK !
...ENCORE UN MOT ET JE VOUS FOUS DEDANS, CAPORAL !
AU TROU !
AH, ÇA ! POUR ÊTRE DEDANS... J'Y SUIS !! QUANT À FINIR AU TROU, C'EST UNE QUESTION DE CHOIX ! SERGENT SEXERFIELD !!
TENEZ ! ENFILEZ ÇA ET RENTREZ AU FORT AVANT QUE VOTRE ONCLE NE REVIENNE ...
ON POURRAIT ME DEMANDER SI J'AI FINI, NON ?! ...
JE VOUS JURE ! À LA PREMIÈRE CHARGE... ELLE M'A DÉSARÇONNÉ... ELLE ÉTAIT NUE... C'EST UNE NYMPHO !... SÛR !!
TUNIQUES ! TUNIQUES TU PARLES !
HUM ! ALORS, SERGENT !... LES POMPES NORMALES NE VOUS SUFFISENT PLUS COMME PUNITION ? ...
ATTENDEZ CAPITAINE ! JE VAIS TOUT VOUS EXPLIQUER !
CHUT ! ...PAS UN MOT DE LA FILLE OU JE MORDS !
...'VAIS VOUS METTRE À L'ARRÊT DE RIGUEUR, MOI !!... LA RAIE DE RIGUEUR... ÇA DOIT VOUS PLAIRE, ÇA, TAPETTES !*
ENFIN ! RELEVEZ-VOUS ET DITES-LUI, RUTCH !
YÉK ! YÉK !

*EN MILITAIRE DANS LE TEXTE (N.D.L'A.)

PLUS TARD...
MÊME EN PRISON... PAS MOYEN D'ÊTRE TRANQUILLE!
HÉ, CAPORAL, VOUS AVEZ ENTENDU...? DERRIÈRE LA PORTE...
BOM BOM
ÉCOUTEZ... CES BRUITS!... ÇA ME RAPPELLE AMÉLIE!... *
...ET ÇA SE PRÉCISE!
SCHLIP SLURP SCHLOUP SLUCK
SCHLIP
ENCORE UNE MINUTE MESSIEURS!...
MON DIEU! C'EST LA NYMPHO!...
...C'EST UNE NYMPHO DE DERNIÈRE MINUTE!! YÉK, YÉK!
* VOIR "UN CHARIOT DANS L'..."
HEU... VOUS VENEZ POURQUOI AU JUSTE?
OUF! IL A ÉTÉ LONG À SOUDOYER CELUI-LÀ! MAIS JE SUIS À VOUS!
MOI, JE CROIS QUE J'AI COMPRIS CE QU'ELLE VEUT!
À PART LES CHEVAUX... JE CROIS QUE VOUS ÊTES LES MIEUX MONTÉS DE LA CAVALERIE!... QUE DIRIEZ-VOUS D'UNE BONNE CHARGE À CRU?
2A
ALORS?... JE FAIS UNE PERCÉE COTÉ SUDISTE...?!
À CAUSE DE LA CHARGE ACCRUE, J'AIME MIEUX LE SERGENT LÀ!
JAMAIS LA PAILLE DU CACHOT N'A ÉTÉ AUSSI HUMIDE...!
CHAAR GEEZ!
OUILLE!... OUILLE!...*
HAAA
RUTCH! ESPÈCE DE ...! C'EST LA DÉBANDADE, ALORS?!
?!
HEU... EXCUSEZ L'HABITUDE! J'AI ENTENDU: CHARGEZ!... ...ET UN RÉFLEXE... MALHEUREUX
* BELLE PAIRE DE OUILLES, NON?
BAH! CE N'EST PAS GRAVE... MON ONCLE VOULAIT ÊTRE SÛR QUE VOUS N'ÉTIEZ PAS DES HOMOS... IL DOIT ÊTRE RASSURÉ... IL A TOUT VU!!
?!
...ET LE LENDEMAIN...
AU PREMIER PLAN LE CANON!...
HAAAAA LA FILLETTE, NOUS VOICI!
HAAAAA AVEC NOUS, C'EST PRIS... CHARGE COMPRISE!
FAUDRAIT QUE RUTCH TOMBE DIRECTEMENT SUR MOI... ET HOP... JE L'EMPILE!!
2B

D'APRÈS LAMBIL-CAUVIN. Tacabrune!

Oliveau Ramier

AU PAYS DE RÊVUMIDE QUAND TU VEUX, OÙ TU VEUX, AVEC QUI TU VEUX ET... COMME JE VEUX...
PALOMBE! REGARDE! NOUS SOMMES NUS!.. EN PUBLIC! AÏEAÏEAÏE!!
SUREMENT UN COUP DU VILAIN PASTICHEUX!
VITE! L'HABIT À LA MAIN!!
MOI, JE ME RHABILLE! EN TANT QUE HÉROS, JE NE DOIS PAS ME DÉPARTIR DE MES VÊTEMENTS SYMBOLIQUES... ET TOI..?!
JE SUIS BIEN COMME ÇA! D'AILLEURS, ÇA NOUS EST DÉJÀ ARRIVÉ!! SOUVIENS-TOI! (1)
OUI! MAIS CETTE FOIS LE PASTICHEUX ET SON INSTRUMENT LIBIDINEUX PEUVENT NOUS AMENER À FAIRE DEVANT TOUT LE MONDE, DES CHOSES QUE LA MORALE RÉPROUVE!!
NON?!
SI!!
J'AVAIS RAISON DE M'INQUIÉTER! REGARDE NOS AMIS!.. SA PLUME LES A TOUCHÉS! ILS SONT À SA MERCI!!
...IL ÉTAIT UNE FOUET...
ELLE VA ME FAIRE MAL, MAINTENANT QUE JE SUIS À POIL!
VIENS VITE! C'EST L'HEURE DE POINTE!!
MOI, JE DOIS LÉCHER... HEU, JE PEUX?!
?
JE VAIS RAMONER CELLES QUE LES ÉCHELLES DESSALÈRENT
ÇA DOIT ÊTRE "L'AMOUR LÈCHE BIEN"?!
ATTENTION! L'OMBRE DE SON ENGIN, LÀ! HIIIHI! J'AI PEUR!!
BON! JE M'OCCUPE DU PORTE-PLUME! TOI, TU PRENDS SA MAIN PAR DERRIÈRE! ATTENTION! IL EST AMBIDEXTRE!
AAAAAH! IL A TOUCHÉ MON SEIN AVEC SON DOIGT!
PALOMBE! TU NE VAS PAS CRAQUER SI PRÈS DU BUT?! (2)
NON! OLIVEAU! ATTENDS! C'EST LA FIN!!
TANT PIS! JE ME SACRIFIE!! "MANCHE OU CRÈVE." ...
...OFFERTE GRACIEUSEMENT, TOI AUSSI!
HEU... MERCI!.. BIEN AGRÉABLE!.. ÇA VA, OLIVEAU, ON EST TRANQUILLE POUR UN MOMENT!...
C'EST MALIN! ET JE FINIS COMMENT, MAINTENANT?!

(1) VOIR "LA TROMPETTE DU SILENCE"

(2) CONTREPÈTERIE GRACIEUSEMENT OFFERTE...

PCC. D'APRÈS DANY ET GREG

Le Scarmoustache

Aux confins du cosmos...
Scarmoustache, tu es sûr que nous n'avons jamais mis le pied sur cette planète ?!
Ni le pied... ni autre chose... Une telle forme... je m'en souviendrais. Elle doit être habitée... en deux mots comme en un !!
Dis, Khané, tu as vu... On dirait des Mondevénusiens ! Enfin ! Des Mondevénusiennes !! ...
Tu as raison ! Je ne vois que des femmes... Heu... Bonjour !
Salut, Bel homme !
Tu entends, Scarmoustache ? Elles parlent parfaitement notre langue !!
Ce serait bien qu'elles la pratiquent, en plus !!
Pour ça, faites nous confiance ! Il y a bien longtemps que nous n'avons eu de mâles aussi beaux que vous !!
Que des femmes ? Mais alors, comment vous reproduisez-vous ?!
... et on se **laisse bien** engrosser !
Justement ! On attend des visiteurs comme vous ! ...
Tu te rends compte !.. Tu crois qu'on va s'en tirer ?!
Tu vas voir... Après trois mois de voyage... Elles risquent la surpopulation !
Allez ! Numéros Un et Deux ! C'est à vous ! Vite ! Vous savez toujours comment faire ?!?
Oui ! Oui !
... Je me souviens, on les déshabille et puis...
SCHTOC !
... Même que pour être plus sûres, on fera peut-être SCHTOC ! SCHTOC !
... Moi aussi, j'aimerais fonder un foyer...
Quel genre ton foyer : travailleurs immigrés ... Personnes âgées ?!
...Et dans la salle de reproduction...
?!
Finissez de vous dévêtir... On revient ! A tout de suite, mes chéries !! Hi Hi !
SCHTOC
OH ! Ces rayons... Un aphrodisiaque ! ... Pour tenir le coup ?!
SCHTOC
... les coups ! Mais pourquoi a-t-elle dit... "chéries" ?!
Plus tard...
Faire ça à des personnages de gosses ! C'est de la reproduction interdite !
Vous avez compris comment nous nous multiplions ?!
Moi qui croyais avoir des attributs invariables ! Appelez-moi Scar ! Les moustaches, Fini !!
Tu viens, Chérie ?!

D'APRÈS GOS Pcc

LA JUNGLE ENFLE *AU LIT!*

HÉ, LES COPAINS! VOUS SAVEZ QUOI?!... HIPPO POTABLE OUVRE UN CABINET DE SEXOLOGIE!
AH, ENFIN, JE VAIS POUVOIR CONSULTER UN SPÉCIALISTE...
MOI, AUSSI!
COMMENT FONT-ILS POUR SAVOIR CE QUE LES AUTRES PENSENT DANS LEURS BULLES?
IDIOT! IL SUFFIT DE LIRE... D'ICI, ON VOIT TRÈS BIEN.
PLUS TARD...
J'AI UN PROBLÈME: ... MON ZIZI EST TROP PETIT!
A' POIL!
A' SAVOIR OÙ ÇA MET SON STHÉTOSCOPE, UN SEXOLOGUE?
HEU...
HÉ!... C'EST ÇA, PETIT?!
MORTAMER! CE N'EST PAS LA SALLE D'ATTENTE, ICI!!
BIN QUOI, JE FAIS LA QUEUE!
C'EST LA SOLUTION! LE SERPENT REMPLACERA CE QUE TON VIT PERD! ... MERCI... AU SUIVANT!
J'AI DIT AU SUIVANT... Z'ÊTES SOURDS?!..
...MAIS PAS ENCORE ÉPILEPTIQUES.
...HEU... TU VOIS... LES SUIVANTS SE SUIVENT ET... SE RASSEMBLENT. WOH! JE FRISE L'ÉLÉPHANTIASIS!
LA MORALE EST ATTEINTE MAIS LE MORAL EST SAUF! AAAAH!
APRÈS CELUI DE MER... VOICI LE SERPENT DE PAIRE!!
APPAREMMENT... VOUS N'AVEZ PAS DE PROBLÈMES! ...A' PART, PEUT-ÊTRE, LE MANQUE DE PARTENAIRES DE L'AUTRE SEXE... IL VOUS FAUDRAIT ADHÉRER A' UN CLUB DE RENCONTRES!...
AH, BON... IL Y A UN AUTRE SEXE?!!
CELA AURAIT AU MOINS L'AVANTAGE DE TENDRE (QUEL MOT JUSTE!) A' REPEUPLER CETTE JUNGLE! IL SUFFIRAIT DE PRENDRE AU CORPS ET PAR LE BON BOUT NOS ASPIRA... PROFONDES
ASSEZ!
...J'AI UNE IDÉE! RÉDIGEONS DES ANNONCES QUE LES PIES IRONT COLPORTER AU-DELÀ DU DÉSERT!!
J'AI LA MIENNE! "RINO-AVEC DÉSIRE UNION AVEC LES RINOS-SANS"!
...ET MOI: "MAN CHERCHE ÉLÉPHANTE-WOMAN POUR TROMPE-L'ŒIL"

ET DE NOS MÂLES EN PIES, LES PETITES ANNONCES FONT LEUR EFFET...
ÇA ME FAIT DRÔLE D'ÊTRE EN HAUT DE PAGE. PAS TOI?
AVEC CES MESSAGES, J'AI L'IMPRESSION DE FAIRE L'OUVERTURE DE LA "PIE VIOLEUSE"!
PIE-TITES ANNONCES
LES PREMIÈRES CANDIDATES SE PRÉSENTENT TOUTES...
BONJOUR, LA JUNGLE! JE VIENS POUR LE "CYLINQUE DE DIAMÈTRE CINQ, LONGUEUR QUATRE-VINGTS VOULANT TIRER LES SONNETTES" !!
MOI, JE CHERCHE LE "MEMBRE ACTIF ET DÉCORÉ POUR TENDRE BATAILLE AVEC ÂME... SEULE, FÉE RINO."
ENFIN, PRESQUE TOUTES...
DE PIES! PASSER MON ANNONCE DANS LA RUBRIQUE "OCCASIONS, MAROQUINERIE"
RENTRE TES LARMES, JE SUIS LÀ!
J'AI LU TON ANNONCE ENTRE LES LIGNES, BEAU CROCO... ET POUR... "LE FLAGRANT DÉLIRE, LA MAIN DANS LE SAC"... J'SUIS D'ACCORD!
ET BIENTÔT...
STOP! AYEZ LA DÉCENCE D'ATTENDRE QUE TOUT LE MONDE SOIT SERVI! NOTRE AMI LE TIGRE N'A PAS ENCORE SA TIGRESSE!...
ELLE EST LÀ! ...TIMIDE... VIENS, MON BOUCHON!
...ET IL PARAÎT QUE PLUS TIGRESSE... PLUS ÇA GLISSE!!
MAIS LA NUIT TOMBE TRÈS VITE SUR LA JUNGLE...
JE CROIS QUE LA NOUVELLE S'EST RÉPANDUE J'ÉPONGE?!
POUR QUELQU'UN QUI EST HOSTILE AUX PLUMES, VOUS N'ÊTES PAS HOSTILE AUX BILLES ...J'AI LA CRAMPE DE L'ÉCRIVAIN!
PAS SI LOIN! C'EST PRESQUE DU RINO-PHARYNGISME!!
AÏE! TU TE TROMPES! ATTENTION AUX ÉCAILLES!
HIIIIIHIIIIII...!
C'EST DUR DE S'EN TIRER APRÈS PLUSIEURS TONNEAUX!!
ENCORE UN DE TES ÉLÉPHANTASMES?!
C'EST LA PREMIÈRE FOIS QUE JE VOIS UNE OMBRE PORTER!
ÇA A ÉTÉ DUR?
OUI, MAIS ÇA L'EST MOINS.
T'AS JAMAIS VU UN SERPENT SE MORDRE LA QUEUE?
COMBIEN DE MOIS, LA PORTÉE?
AH! LES BOUCHONS DE LA RENTRÉE
LES MOIS SONT PASSÉS...
MAINTENANT... 2 MOIS PÉDIATRE... PUIS CONSEIL EN CROISEMENTS... PUIS PLANNING FAMILIAL... ET JE REDEVIENS SEXOLOGUE!...
MATERNITÉ POTABLE
HIPPO & FILS
HEU... VOILÀ... ON EST TOUT REPEUPLÉ... ET ON POURRA PAYER EN ESPÈCES... NOUVELLES! MAIS JE ME DEMANDE COMMENT NESSIE A PU SE CACHER DANS LE TONNEAU...
AREUH
PIE-PIE!
...C'EST GROS QUAND MÊME UN DIPLODOCUS PLEIN D'AMOUR!
SI ON A UNE PETITE POMME... ON ARROSE
JE N'ARRIVE PAS À CROIRE QUE J'AI ÉTÉ SERPENTÉE!!

D'APRÈS DELINX ET GODARD PCC

BARILLE

Georges! Debout! C'est encore ce journaliste qui demande à te voir! Allons, lève-toi!!
TOC TOC
Rhaa! Pas moyen d'être tranquille entre deux aventures! Enfin!...
Bon! Alors? Qu'est-ce que je lui dis à ce jeune?
... Je passe une robe de chambre et j'arrive!
Bonjour! Excusez-moi! J'ai eu une nuit agitée!
Je suis si heureux que vous me receviez...
Pas jaloux... Je vous laisse!
Voila! Mes lecteurs voudraient connaître enfin vos aventures avec l'actrice Anne Halle!
Malheureusement, rien à ce jour... Mais si ça ne tenait qu'à moi...
Cela ne tient qu'à toi mon petit Barille!
?
Quoi? Une femme! LA femme que je désire le plus... Anne! C'est bien toi?!
Oui, chéri! Viens vite! On n'a que trop attendu ...
Tu sais, il y avait les principes... Moreau... De plus, l'amour, Anne Halle, est encore mal introduit dans le cercle des héroïnes!...
Plus tard...
Ça y est! Premier acte! Il est parti pour lui faire les trois coups côté cour et côté jardin!
OH! MAIS?! Qu'est-ce que... Tu es vraiment un homme?!
Rassure-toi! Ce n'est qu'une prothèse!
Une prothèse!
?!!
Bin, oui! Je ne savais pas au juste tes goûts... Aussi, j'ai mis toutes les chances de mon côté! Alors? Je l'enlève?!

PCC. D'APRÈS BOB DE MOOR

Jouhit et Pirloan

Sur un chemin du Duché...
Dis, Jouhit ? Tu crois qu'on arrivera à temps ?
Mais, oui, Pirloan !!
Tu sais, la fille du Duc est très malade mais c'est de langueur aussi son père compte sur le récit de nos aventures pour lui redonner goût à la vie... D'ailleurs, nous y voici !!
Heu... Je voulais dire à temps pour dîner !
Damné glouton ! Tu as des papilles gustatives à la place du coeur ! As-tu pensé à la récompense... le mariage !!
...Avec un grand banquet ?
OHÉ ! Nous voici ! Prêts à faire vibrer votre fille avec nos exploits de Basenhau à Maltrochu !!
Montez vite, mes amis !!
Peu après...
Fasse le ciel que vous réussissiez. Je vous laisse avec elle, messieurs !
Qu'elle est belle !!
Ecoutez-nous, Damoiselle ! Voici comment nous luttâmes contre le dragon Fiskus qui menaçait le bon ...
.... Alors, inspiré par le grand Peyotl, je tirai ma dague de son fourreau et l'enfonçai à trois reprises - deux manches... et une belle dans le... bla... bla...
T'aurais dû sortir autre chose... Ça n'a pas l'air de l'intéresser !
Regarde ! Une harpe !.. Si j'essayais de chanter... On me prête un bel organe !
D'accord, mais attends que je sois sorti !!
Z z
L'REINE PO-ORTE UNE CEINTURE BIEN TREN
Heu... vous pensez que ça peut la réveiller ?!
En tous cas, ça ne l'endormira pas plus !!
QUI MOULT BIEN EST TREN
Là ! Ils ont dû filer maintenant ! Essayons avec l'autre organe ! ...
Et bientôt...
PÈÈÈRE !
Pirloan m'a tiré de ma torpeur ! Puis-je poursuivre le traitement par voie orale ?
Ma fille ! Même ta main est accordée !!
Qui dira mes efforts pour la tradition orale ?!
Quelques jours après...
Dites, Jouhit... Depuis le mariage, Biquette a l'air de se mourir de langueur... Heu... Vous pourriez peut-être ?.. ...
?
D'APRÈS PEYO

MEC COOY

SERGENT MEC COOY ! VOTRE RAPPORT A' UN TROU ! JE PENSE QUE VOUS ME CACHEZ QUELQUE CHOSE DE VOTRE RETOUR DU MEXIQUE !
AH ?! AH, JE VOIS, MON COLONEL ! C'ÉTAIT ENTRE LES PAGES DIX ET ONZE DE L'ALBUM (1) ... LAISSEZ-MOI VOUS RACONTER...
HÉ ! LES GARS ! VOUS VOYEZ ÇA AUSSI, ... OU JE DÉLIRE ?
WOUAOUH ! JE PRENDS LES TROIS ! ET VOUS... LAQUELLE ?
!
OUI ! JE ME SOUVIENS ! ON ÉTAIT DANS LA SIERRA NEVADA QUAND ON A ENTENDU DES COUPS DE FEU ! ... C'ÉTAIT TROIS FILLES QUI SE DÉFENDAIENT CONTRE DES APACHES ! NOUS ÉTIONS TROIS, CHARLY, MINI BLESSÉS ET MOI, SEUL VALIDE ...
LE TEMPS DE LES REJOINDRE AVEC MES DEUX ÉCLOPÉS... ELLES AVAIENT DESCENDU TOUS LES INDIENS ...
A' MOI, LE DERNIER ! EN PLEIN DANS LES... COOY ! QUE FAITES-VOUS LA' ?
PAW !
PAW !
PAW !
PAW !
HEU... VOUS ME CONNAISSEZ DONC ?... MEC COOY POUR VOUS SERVIR MESDEMOISELLES !!...
HÉ ! LES NÔTRES, AUSSI !!
MAIS, VOUS ARRIVEZ APRÈS LA BATAILLE !!
HEU... IL RESTE LE REPOS DE LA GUERRIÈRE ?!
C'EST CE QUE NOUS ALLONS VOIR ! A' POIL ! TOUS LES TROIS !!
MAIS, VOUS ÊTES BLESSÉ ?
AU BRAS SEULEMENT ! POUR LE RESTE ÇA VA !!
ALLEZ ! PLUS VITE ! HMMHM ! PAS MAL ! MAIS PAS DE QUOI FAIRE UN CADRAN SOLAIRE ! ENFIN ! ... ENFILEZ LES FRUSQUES DE CES PAUVRES INDIENS
MAINTENANT, VENEZ NOUS PRENDRE !... CELA FAIT LONGTEMPS QUE NOUS AVONS ENVIE D'ÊTRE VIOLÉES PAR DES INDIENS !... MAIS AU DERNIER MOMENT, ON PREND PEUR ...
... ET DÉGUISÉS EN APACHES... ON A SATISFAIT LEUR FANTASME !!
HÉ ! JE LES COMPRENDS !... MON PETIT MEC COOY, PASSEZ DANS MA CHAMBRE... IL Y A UN COSTUME DE SIOUX.
HEU... TU VEUX BIEN ?

(1) VOIR "LE TRIOMPHE DE MEC COOY"

P.C.C. D'APRÈS PALACIOS ET GOURMELEN

PERVERT et KARÉ

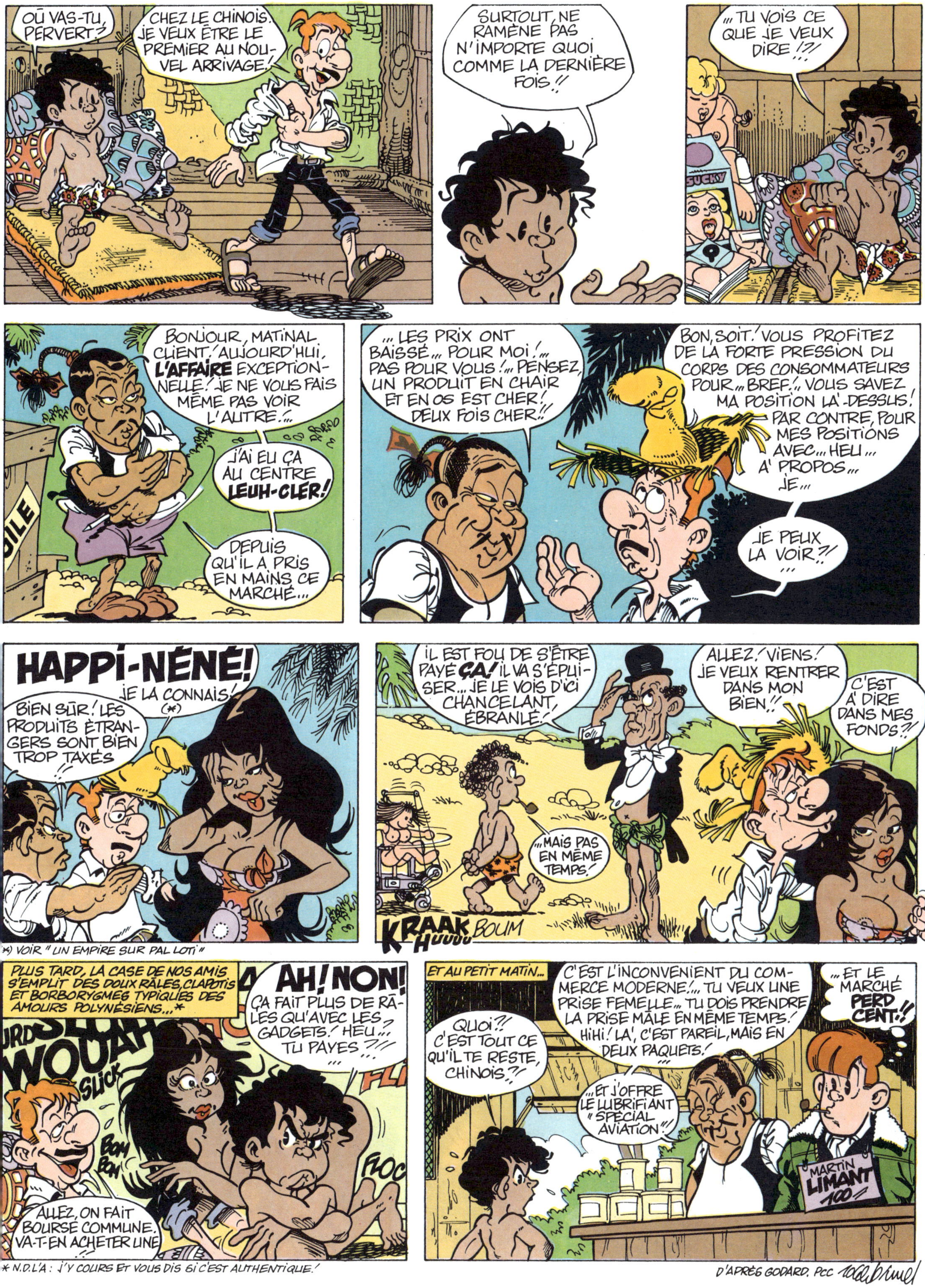

OÙ VAS-TU, PERVERT ?
CHEZ LE CHINOIS. JE VEUX ÊTRE LE PREMIER AU NOUVEL ARRIVAGE !
SURTOUT, NE RAMÈNE PAS N'IMPORTE QUOI COMME LA DERNIÈRE FOIS !!
... TU VOIS CE QUE JE VEUX DIRE !?!
SUCKY
BONJOUR, MATINAL CLIENT. AUJOURD'HUI, L'AFFAIRE EXCEPTIONNELLE ! JE NE VOUS FAIS MÊME PAS VOIR L'AUTRE !...
J'AI EU ÇA AU CENTRE LEUH-CLER !
DEPUIS QU'IL A PRIS EN MAINS CE MARCHÉ...
... LES PRIX ONT BAISSÉ... POUR MOI !... PAS POUR VOUS !... PENSEZ, UN PRODUIT EN CHAIR ET EN OS EST CHER ! DEUX FOIS CHER !!
BON, SOIT ! VOUS PROFITEZ DE LA FORTE PRESSION DU CORPS DES CONSOMMATEURS POUR... BREF !. VOUS SAVEZ MA POSITION LÀ-DESSUS ! PAR CONTRE, POUR MES POSITIONS AVEC... HEU... À PROPOS... JE...
JE PEUX LA VOIR ?! ...
HAPPI-NÉNÉ !
JE LA CONNAIS ! (*)
BIEN SÛR ! LES PRODUITS ÉTRANGERS SONT BIEN TROP TAXÉS
IL EST FOU DE S'ÊTRE PAYÉ ÇA ! IL VA S'ÉPUISER... JE LE VOIS D'ICI CHANCELANT, ÉBRANLÉ !
... MAIS PAS EN MÊME TEMPS !
KRAAK BOUM HUUUU
ALLEZ ! VIENS ! JE VEUX RENTRER DANS MON BIEN !!
C'EST À DIRE DANS MES FONDS ?!
*) VOIR "UN EMPIRE SUR PAL LOTI"
PLUS TARD, LA CASE DE NOS AMIS S'EMPLIT DES DOUX RÂLES, CLAPOTIS ET BORBORYGMES TYPIQUES DES AMOURS POLYNÉSIENS...*
AH ! NON ! ÇA FAIT PLUS DE RÂLES QU'AVEC LES GADGETS ! HEU... TU PAYES ?!! ...
WOUAH
SLICK
BOM BOM
FLOC
ALLEZ, ON FAIT BOURSE COMMUNE. VA-T-EN ACHETER UNE
ET AU PETIT MATIN...
QUOI ?! C'EST TOUT CE QU'IL TE RESTE, CHINOIS ?!
C'EST L'INCONVÉNIENT DU COMMERCE MODERNE !... TU VEUX UNE PRISE FEMELLE... TU DOIS PRENDRE LA PRISE MÂLE EN MÊME TEMPS ! HIHI ! LÀ, C'EST PAREIL, MAIS EN DEUX PAQUETS !
... ET J'OFFRE LE LUBRIFIANT "SPÉCIAL AVIATION" !!
... ET LE MARCHÉ PERD CENT !!
MARTIN LIMANT 100
* N.D.L'A : J'Y COURS ET VOUS DIS SI C'EST AUTHENTIQUE !

D'APRÈS GODARD. Pcc Tom Binel

yoyo tsunu

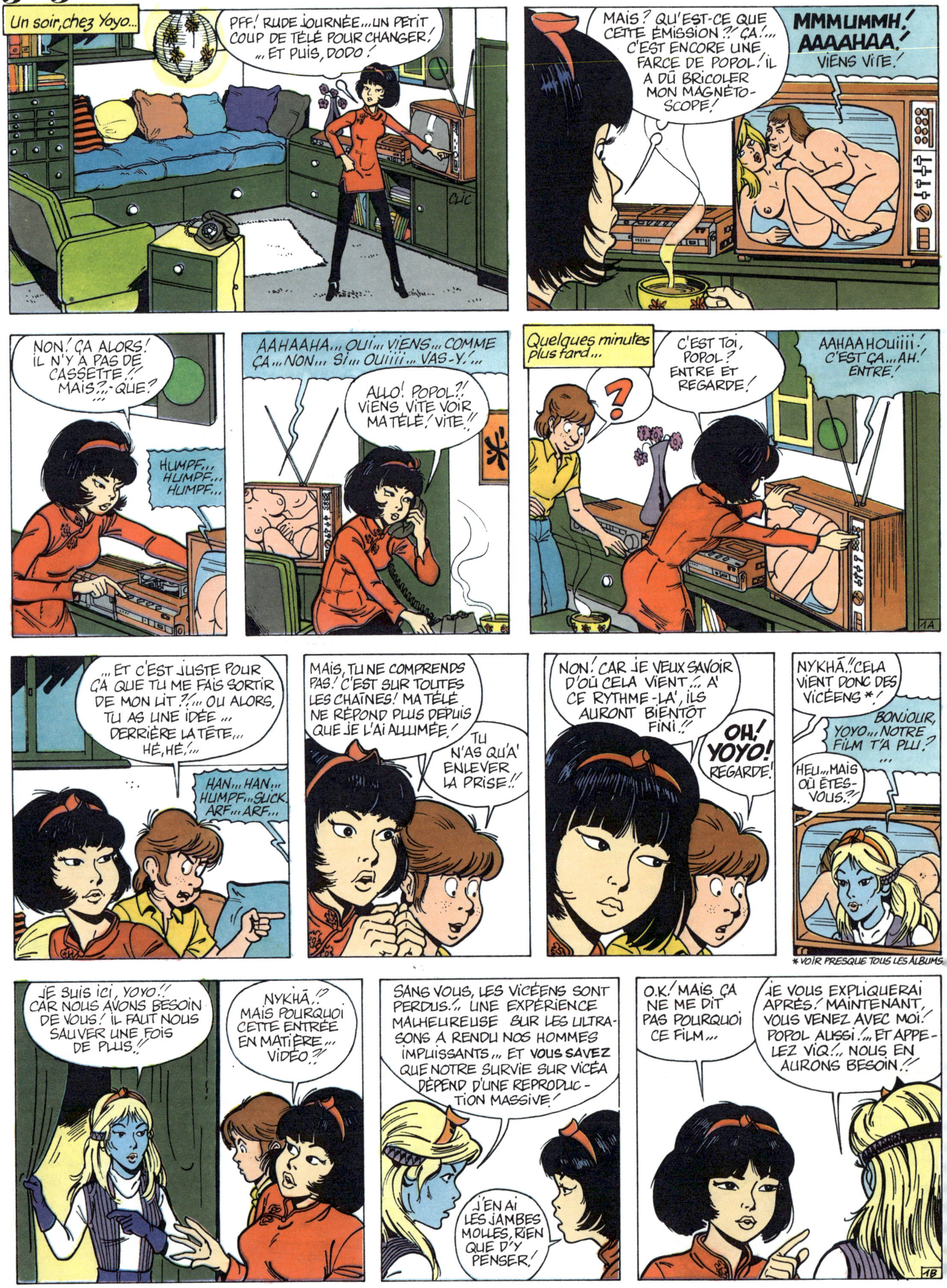

Un soir, chez Yoyo...
PFF! RUDE JOURNÉE... UN PETIT COUP DE TÉLÉ POUR CHANGER! ... ET PUIS, DODO!
CLIC
MAIS? QU'EST-CE QUE CETTE ÉMISSION ?! ÇA!... C'EST ENCORE UNE FARCE DE POPOL! IL A DÛ BRICOLER MON MAGNÉTOSCOPE!
MMMUMMH! AAAAHAA! VIENS VITE!
NON! ÇA ALORS! IL N'Y A PAS DE CASSETTE!! MAIS ?!... QUE ?...
HUMPF... HUMPF... HUMPF...
AAHAAHA... OUI... VIENS... COMME ÇA... NON... SI... OUIIII... VAS-Y!...
ALLO! POPOL ?! VIENS VITE VOIR MA TÉLÉ! VITE!!
Quelques minutes plus tard...
?
C'EST TOI, POPOL? ENTRE ET REGARDE!
AAHAAHOUIIII! C'EST ÇA... AH! ENTRE!
1A
... ET C'EST JUSTE POUR ÇA QUE TU ME FAIS SORTIR DE MON LIT ?!... OU ALORS, TU AS UNE IDÉE ... DERRIÈRE LA TÊTE... HÉ, HÉ!...
HAN... HAN... HUMPF... SUCK... ARF... ARF...
MAIS, TU NE COMPRENDS PAS! C'EST SUR TOUTES LES CHAÎNES! MA TÉLÉ NE RÉPOND PLUS DEPUIS QUE JE L'AI ALLUMÉE!
TU N'AS QU'À ENLEVER LA PRISE!!
NON! CAR JE VEUX SAVOIR D'OÙ CELA VIENT!... À CE RYTHME-LÀ, ILS AURONT BIENTÔT FINI!!
OH! YOYO! REGARDE!
NYKHÂ!! CELA VIENT DONC DES VICÉENS*!
BONJOUR, YOYO... NOTRE FILM T'A PLU? ...
HEU... MAIS OÙ ÊTES-VOUS ?!
* VOIR PRESQUE TOUS LES ALBUMS.
JE SUIS ICI, YOYO!! CAR NOUS AVONS BESOIN DE VOUS! IL FAUT NOUS SAUVER UNE FOIS DE PLUS!!
NYKHÂ!? MAIS POURQUOI CETTE ENTRÉE EN MATIÈRE... VIDÉO ?!
SANS VOUS, LES VICÉENS SONT PERDUS!! UNE EXPÉRIENCE MALHEUREUSE SUR LES ULTRASONS A RENDU NOS HOMMES IMPUISSANTS... ET VOUS SAVEZ QUE NOTRE SURVIE SUR VICÉA DÉPEND D'UNE REPRODUCTION MASSIVE!
J'EN AI LES JAMBES MOLLES, RIEN QUE D'Y PENSER!
O.K! MAIS ÇA NE ME DIT PAS POURQUOI CE FILM...
JE VOUS EXPLIQUERAI APRÈS! MAINTENANT, VOUS VENEZ AVEC MOI! POPOL AUSSI!... ET APPELEZ VIQ!... NOUS EN AURONS BESOIN!!
1B

Une heure plus tard, Yoko a rejoint nos amis...
PAS PRUDENT DE GARER TA FUSÉE PRÈS DE CHEZ MOI.!?
POURQUOI, C'EST ZONE BLEUE ?!!
...pour un voyage sans histoire qui les amène sur Vicéa...
ÇA Y EST.! LES VOILÀ.! NOUS SOMMES SAUVÉS.!!
J'AI CONFIANCE... MAIS QU'AVONS-NOUS A' FAIRE?
...PEUT-ÊTRE CE QU'ON A VU A' LA TÉLÉ..?
TAIS-TOI, POPOL.!!
JUSTEMENT.! IL TOUCHE DU DOIGT LA SOLUTION.! MAIS VOICI KHÖVIN.! IL VA VOUS EXPLIQUER.!!
...ON COMMENCE PAR TOUCHER DU DOIGT... ET PUIS...
VOILA, YOYO.! JE PENSE QUE SEUL UN GRAND CHOC PSYCHOLOGIQUE PEUT REDONNER AUX VICÉENS LEUR VIGUEUR PERDUE.!!
...ET QUEL CHOC.!?
VOUS N'IGNOREZ PAS QUE NOUS AVONS VÉCU LONGTEMPS SOUS VOTRE TERRE... ET... FRUSTRÉS, NOTRE FANTASME ÉTAIT L'UNION ENTRE TERRIENNES ET NOUS ET VICE-VERSA.!
?!
JE DOIS DIRE QUE MOI **AUSSI** ...
DÈS QUE NYKHÂ M'A DIT VOTRE ACCORD... J'AI DEMANDÉ AUX VICÉENS DE REGARDER LEUR TÉLÉ, CE SOIR ...
...ET VOUS, SPÉCIALISTES DE LA TÉLÉ, VOUS ALLEZ LEUR JOUER QUELQUES BELLES SCÈNES HARD ENTRE VICÉENS ET TERRIENS ...
JE T'AIDE?
TOUJOURS PRÊTE A' RENDRE SERVICE.!
Et le soir même, dans les foyers vicéens après un repas pimenté...
VAS-Y CHÉRI.! C'EST LE MOMENT DE RAIDIR... ÇA ME FERA DIGÉRER.!...
JE FAIS UNE SÉLECTION DE RAIDEURS DIGESTES, ALORS.!
C'EST UN PROGRAMME POUR ENFANTS ... POUR EN FAIRE.!!
BON.! ALLEZ, A' TOI.! JE TE REMPLACE A' LA CAMÉRA.! LES GROS PLANS, JE LES FAIS COMMENT.? SAIGNANTS.?
BLEUS.!
Plus tard dans la soirée...
CONTINUEZ, LES AMIS.! ÇA MARCHE.! LE STANDARD DE GHYDARBOÃ A DÉJA SAUTÉ TROIS FOIS, ET GHYDARBOÃ LUI-MÊME.! ...
HEU... JE FAIS LE TOUR.?
Mais les meilleures émissions ont une fin...
AU REVOIR ET MERCI YOYO... ET PEUT-ÊTRE A' BIENTÔT... SUIVANT LES RÉSULTATS.!
...Et dans l'appareil qui ramène nos héros...
AU FAIT, TU AS SU POURQUOI ILS T'ONT PASSÉ CE FILM ?!
ALORS, COMME ÇA... ON AVAIT DÉJA VU LE LOUP.?!
OH.! A' CAUSE DE MES AUTRES AVENTURES, ILS CROYAIENT QUE JE NE CONNAISSAIS QUE L'ÉLECTRONIQUE

D'APRÈS LELOUP

LE VIEUX NIQUE

PLUS VITE, POIL-NOIR! ...OU LE TRÉSOR VA NOUS PASSER SOUS LE NEZ! ...
MAIS, JE SOUQUE FERME, BON-PAPA!! JE SOUQUE!!
BIEN! IL S'AGIT MAINTENANT DE RETROUVER LEUR TRACE!!
TU ES SÛR DE CE QUE TU AS VU, AU MOINS?!
DIS AUSSI QUE JE SUIS GÂTEUX!!.. ILS ÉTAIENT DEUX AVEC DE LOURDES CAISSES ET DES PIO-CHES!!
JE TE CROIS, Ô BON-PAPA CHÉRI!!
JE SENS QUE C'EST PARTI POUR UNE BONNE HISTOIRE DE CAISSES!.. ET À NOUS, LA FORTUNE!!
AÏE!!
AÏE!
AHAAAH!
BOM
1A
FISTON! COMMENT SE NOMME CE SUR QUOI TU ES TOMBÉ?!
LE VIEUX NIQUE!!
CHA, ALORS!
AAAAAH, AHOUII!
J'TE DEMANDE PAS CE QU'IL FAIT! J'TE DEMANDE SON NOM! ANDOUILLE!! ...
LE VIEUX NIQUE ET CHÉBASTIEN! C'ÉTAIT VOUS? MAIS... ALORS? LE TRÉSOR? ...
OUI! C'EST ÇA! LE TRÉSOR ?
LES TRÉSORS, ... NOUS SOMMES DESSUS!!
J'EXPLIQUE... NOUS AVONS À BORD LA DUCHESSE ET SA FILLE... NOUS NOUS SOMMES PLUS... MAIS, TROP SURVEILLÉS SUR LE BATEAU... ON LEUR FAIT LE COUP DU TRÉSOR À ENTERRER À CHAQUE ÎLE DÉSERTE!...
?!
ÇA VA! ILS SONT PARTIS! TU PEUX REBOUCHER LES TROUS, CHÉBAS-TIEN!!
MOI! J'AURAIS BIEN FAIT LE FOU ENTRE LES CAISSES!!
LE COUP ENTRE LES F... OHOOOH!!
J'AI UNE PIÈCE COINCÉE!
TOUS LES TROUS?!
DE L'OR CACHÉ PAR LES BOURSES ...ON AURA TOUT VU!!
1B

PCC D'APRÈS REMACLE

Siphoe
CE JOUR-LÀ, CHEZ LES POILAMAZOUT...
ALLO, OUI... AH! C'EST VOUS, INSPECTEUR!.. QUOI?!... OH!.. OUI! C'EST VRAI?!... JE PRÉVIENS MON PAPA!!
JE NE DEVRAIS PAS LE DÉRANGER! IL EST AVEC SON ROBOT, MAIS C'EST TROP GRAVE!!
PAPA!
QUEL BRUIT! IL EST TROP ABSORBÉ! ...
SLUCK
VR
PAPINET! JE TROUBLE TES ESSAIS?.. HEU... PEUX-TU LACHER CE QUE TU TIENS?
HEU... OUI!!
VERR
SLUCK
ZOA(1) EST SORTIE TOUTE SEULE CETTE NUIT!... L'INSPECTEUR CILESTE NOUS ATTEND...
QU'A ENCORE FAIT CETTE SATANÉE AUTO?!
... AVEC L'ŒUF...(2) ON Y SERA VITE!!
... DEUX JEUNES FILLES ONT DISPARU CETTE NUIT... DES TÉMOINS LES ONT VUES MONTER À BORD DE ZOA... ET VOTRE AUTO EST INTROUVABLE!!
?!
(1) VOIR "QUI FAIT PEUR À ZOA?"
(2) VOIR "L'ŒUF DE POILAMAZOUT"
...AUSSI, JE VAIS LA PIÉGER... EN PLAÇANT UNE AUXILIAIRE DE POLICE COMME APPÂT À L'ENDROIT OÙ...
NON!!
...C'EST TROP RISQUÉ POUR ELLE! J'AI UN ROBOT FÉMININ... HEU... POUR MES BESOINS PERSONNELS... ÇA FERA L'AFFAIRE!
OH, OUI! ELLE SE FERA UNE ZOA DE NOUS AIDER!
VERS MINUIT...
PARFAIT! ON LA SUIT AVEC L'ŒUF ET VOUS NOUS COUVREZ! O.K.?
VOUS-JO-LIE-MON-TEZ!
VROUP VROUM
TCHIC TCHIC
ET QUELQUES MINUTES APRÈS...
ATTENTION, FIFILLE! ILS SONT PEUT-ÊTRE DANGEREUX!?
TU PARLES! ILS SONT TROP OCCUPÉS. MAIS?OH! C'EST CARTER... ET PIPETTE(3)! VOILÀ POURQUOI ZOA LEUR OBÉISSAIT!!
ILS SERONT CONTENTS AU JOURNAL... ON REMPLACE LA CHRONIQUE "AUTO" PAR CES ESSAIS-LÀ, HEIN?! ON VERRA LA NOUVELLE APRÈS. ALLUMAGE... SUSPENSION... VIBRATIONS... FAUT TOUT NOTER!
HÉ, NOTE! CELLE-LÀ, ELLE BROUTE UN PEU EN PRISE!!
(3) JE N'AI PAS CHANGÉ CE NOM... ALLEZ SAVOIR POURQUOI?! (NDL'A)
PCC. D'APRÈS JIDÉHEM

ILLABESE

TANT PIS POUR LA TARTE DE TANTE RUSSULE ! IL FAUT QUE JE SOIS AU PARC MAGIQUE* ! PENSEZ ! C'EST LE MARIAGE DE L'ONCLE HERPÈS ET DE GLANDULA !...
... CE QU'IL Y A COMME TARTES QUI SE PERDENT !!
OH LALA ! JE SUIS EN RETARD ! IL Y A DÉJÀ SA CALÈCHE ! VITE ! VITE !!
PERSONNE ? BIZARRE ! ILS ONT DIT "DANS L'INTIMITÉ"... MAIS, QUAND MÊME !!
* VOIR "LA SANDALE DE L'ESTROPIÉE" (MERCI, M. BOULIER !)
JE SUIS LÀ, MOI ! OH ! MAIS, TU N'AS PAS L'AIR AU COURANT ?!
AU COURANT DE QUOI, PETIT AMOUR ?!?
... BIN ! LE MARIAGE N'A PAS LIEU... IL Y A EU UN PROBLÈME AU COURS DE LA VISITE PRÉ-NUPTIALE...
D'AILLEURS, LES VOICI ! TU N'AS QU'À LEUR DEMANDER !
UN BOUC ! J'ALLAIS ÉPOUSER UN BOUC !
GLANDULA, TONTON ?! ÇA NE VA PAS ?
... ET TANDIS QUE GLANDULA S'EXPLIQUE, LE BIJOU MAGIQUE DE SON ASTRAGALE NE PEUT S'EMPÊCHER DE FAIRE DES JEUX DE MOTS...
IL EST BOUC, DES PIEDS AU... DESSUS DE LA CEINTURE !... ET J'EN PASSE !
JE LE SAVAIS, MOI, ET POURTANT L'AMOUR EST AVEUGLE !
BOUC... MAQUEUR !
MAIS, AVEC VOTRE MAGIE, VOUS NE POUVEZ PAS ARRANGER ÇA ?... C'EST UNE GRANDE MISÈRE !
BOUC ET MISÈRE !
HÉLAS ! COMME IL EST SORCIER, LUI AUSSI, JE NE PEUX QUE LE RAPETISSER... ET CE N'EST PAS PRÉCISÉMENT CE QUE JE VEUX !
OH ! J'AI UNE IDÉE !!
DIS-LA VITE !!
AMENEZ LE BOUC À NIER !!
ÉCOUTE ! TU POURRAIS PEUT-ÊTRE... BZZZ... BZZZ...
D'ACCORD ! MAIS JUSTE POUR CE SOIR !... LE MARIAGE, ON VERRA APRÈS !
ATTENTION, LE COUP DU BOUC EST FINAL !
PLUS TARD, DANS LE PARC... C'EST LÀ, QU'HERPÈS HÉROÏQUE... FAIT DE GLANDULA, UNE FEMME !... HEU... JE VEUX DIRE... UNE CHÈVRE ! ENFIN !... À 50 % !...
?
TROIS ORFÈVRES À LA SAINT-ÉLOI MONTÈRENT SUR LE TOIT POUR BAISER MINETTE
HÉ ! TU M'ÉGRATIGNES !!
LES ROUSSES T'ONT !
MERCI ILLABESE, CETTE SOLUTION N'ÉTAIT PAS DANS MON MANUEL !...
AH ! AH ! LES ORFÈVRES ONT TROUVÉ DES COMPAGNES !... FAUDRA REVOIR LEUR STATUE !
UNE HISTOIRE COMME ÇA... J'EN SORS... SCIÉ !!
POUR LE BOUC... IL Y A DES DROITS D'ODEUR ?!
C'EST À "L'AMOUR SORCIER" QUE LE MANUEL DÉFAILLA ?!
PCC D'APRÈS, WILL, FRANQUIN, DELPORTE, MACHEROT...

JELLY STRING

QUINZE JOURS DE DÉSERT... ÇA SUFFIT!
REGARDE MANCHO! LÀ-BAS! UNE MAISON... ET IL Y A DE LA FUMÉE...
MON RÊVE! UN PETIT RANCH COMME ÇA!...
J'ESPÈRE QU'ILS VOUDRONT BIEN NOUS HÉBERGER!
QUI ÊTES-VOUS? VOUS AVEZ LE MOT DE PASSE?
QUÉ? LÉ MOT DE PASSE ?!!?
"LES MODES PASSENT..." C'EST ÇA! ENTREZ!
?!
OH! JE VOIS! UN SALOON CLANDESTIN ...ET SPÉCIAL!
HOMBRE! QUE CONSOMME-T-ON DANS TON TRIPOT?
TOUT! DE LA BIÈRE LA PLUS FRAÎCHE AUX FILLES LES PLUS CHAUDES DE L'OUEST
QU'EN DIS-TU, JELLY? ÇA NOUS CHANGERA DES CACTUS! NON?!
J'AI DEUX FILLES LIBRES AU PREMIER VOUS POUVEZ Y ALLER ...
PAS LA PEINE DE MONTER SI VITE!... GARDE TES FORCES!!
ELLES AIMENT QUAND ON EST BIEN MONTÉ
AH! LES VOILÀ! MHMM! JOLI BÉTAIL! JE PRENDS LA ROUSSE, ET TOI? ...
BEN! L'AUTRE!! ON ÉCHANGERA!!
CARAMBA! ELLES SE DÉBROUILLENT BIEN, HEIN? C'EST UNE LANGUE ÉTRANGÈRE FACILE À ASSIMILER!
OH! ET ELLES ONT FAIT VENIR LEURS COPINES! FANTASTIQUE!! MAIS?! MA PAROLE, IL Y EN A ...
...TOUT UN TROUPEAU !!
LA PROCHAINE FOIS QUE TU RÊVES... VÉRIFIE LE BOUTONNAGE DE TON PANTALON!

P.c.c. D'APRÈS JIJÉ

SADDY

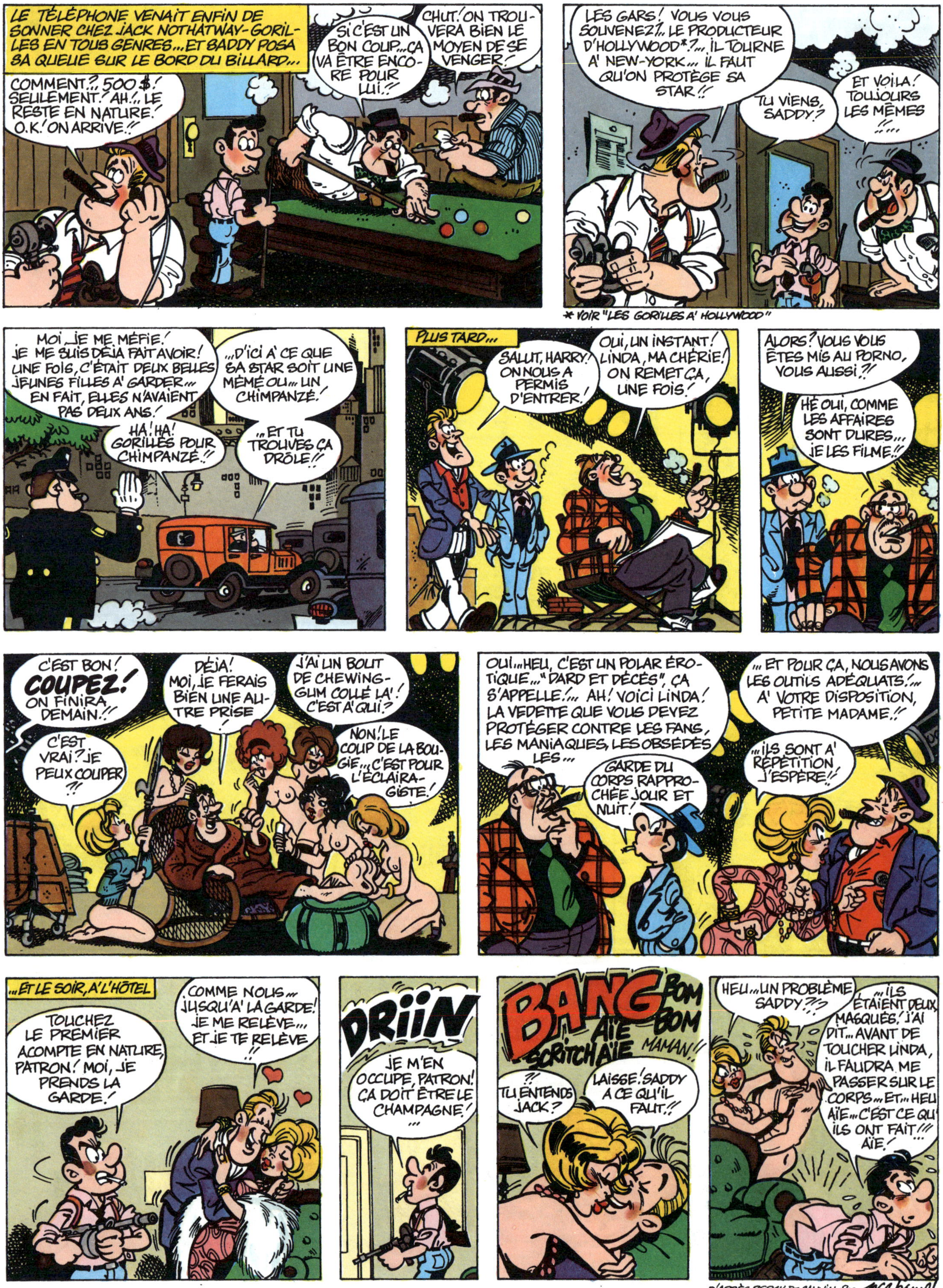
LE TÉLÉPHONE VENAIT ENFIN DE SONNER CHEZ JACK NOTHATWAY-GORILLES EN TOUS GENRES... ET SADDY POSA SA QUEUE SUR LE BORD DU BILLARD...
COMMENT ?! 500 $! SEULEMENT ! AH !.. LE RESTE EN NATURE ! O.K. ! ON ARRIVE !!
SI C'EST UN BON COUP... ÇA VA ÊTRE ENCORE POUR LUI !?
CHUT ! ON TROUVERA BIEN LE MOYEN DE SE VENGER !
LES GARS ! VOUS VOUS SOUVENEZ ?!... LE PRODUCTEUR D'HOLLYWOOD* ?!... IL TOURNE A' NEW-YORK... IL FAUT QU'ON PROTÈGE SA STAR !!
TU VIENS, SADDY ?
ET VOILA ! TOUJOURS LES MÊMES !...
* VOIR "LES GORILLES A' HOLLYWOOD"
MOI... JE ME MÉFIE ! JE ME SUIS DÉJA FAIT AVOIR ! UNE FOIS, C'ÉTAIT DEUX BELLES JEUNES FILLES A' GARDER... EN FAIT, ELLES N'AVAIENT PAS DEUX ANS !
...D'ICI A' CE QUE SA STAR SOIT UNE MÉMÉ OU... UN CHIMPANZÉ !
HA ! HA ! GORILLES POUR CHIMPANZÉ !!
...ET TU TROUVES ÇA DRÔLE !!
PLUS TARD...
SALUT, HARRY ! ON NOUS A PERMIS D'ENTRER !
OUI, UN INSTANT ! LINDA, MA CHÉRIE ! ON REMET ÇA, UNE FOIS !
ALORS ? VOUS VOUS ÊTES MIS AU PORNO, VOUS AUSSI ?!
HÉ OUI, COMME LES AFFAIRES SONT DURES... JE LES FILME !!
C'EST BON ! COUPEZ ! ON FINIRA DEMAIN !!
DÉJA ! MOI, JE FERAIS BIEN UNE AUTRE PRISE !
J'AI UN BOUT DE CHEWING-GUM COLLÉ LA' ! C'EST A' QUI ?
C'EST VRAI ? JE PEUX COUPER ?!
NON ! LE COUP DE LA BOUGIE... C'EST POUR L'ÉCLAIRAGISTE !
OUI... HEU, C'EST UN POLAR ÉROTIQUE... "DARD ET DÉCÈS", ÇA S'APPELLE !... AH ! VOICI LINDA ! LA VEDETTE QUE VOUS DEVEZ PROTÉGER CONTRE LES FANS, LES MANIAQUES, LES OBSÉDÉS, LES...
GARDE DU CORPS RAPPROCHÉE JOUR ET NUIT !
... ET POUR ÇA, NOUS AVONS LES OUTILS ADÉQUATS !... A' VOTRE DISPOSITION, PETITE MADAME !!
...ILS SONT A' RÉPÉTITION, J'ESPÈRE !!
...ET LE SOIR, A' L'HÔTEL
TOUCHEZ LE PREMIER ACOMPTE EN NATURE, PATRON ! MOI, JE PRENDS LA GARDE !
COMME NOUS... JUSQU'A' LA GARDE ! JE ME RELÈVE... ET JE TE RELÈVE !!
DRIIN
JE M'EN OCCUPE, PATRON ! ÇA DOIT ÊTRE LE CHAMPAGNE !
BANG BOM BOM
AÏE SCRITCH AÏE MAMAN !!
TU ENTENDS JACK ?
LAISSE ! SADDY A CE QU'IL FAUT !!
HEU... UN PROBLÈME SADDY ?!?
...ILS ÉTAIENT DEUX, MASQUÉS ! J'AI DIT... AVANT DE TOUCHER LINDA, IL FAUDRA ME PASSER SUR LE CORPS... ET... HEU AÏE... C'EST CE QU'ILS ONT FAIT !!! AÏE !

D'APRÈS BERCK ET CALVIN Pcc. Walthéry

Benet Brisefoi

LE PETIT VILLAGE DE VILLEGRANDE-LA-JOIE...
AH! JOUR BÉNI QUE CELUI DE MON JOURNAL "SPIROU" HEBDOMADAIRE!
LISEZ "BÊTE"
BONJOUR, MADAME! JE VOUDRAIS SPI... HEU... NON! DONNEZ-MOI PLUTÔT "CIRCHUS"!...
...IL Y A DES PASTICHES... J'AIME BIEN! WALTHÉRY M'EN AVAIT FAIT UN DRÔLEMENT BIEN AVEC DELPORTE. *
* VOIR SPIROU N° 1854 OU CBD N° 54
AHLALA! PAS MOYEN DE LUI REFUSER! IL AURAIT RETOURNÉ MON KIOSQUE!... C'EST COMME QUAND IL VEUT "PLAYBOY"!!
OHLALA! MAIS C'EST POUR LES ADULTES, ÇA! OHLALA! CES NANAS!!
HÉ! ÇA ME DONNE DES IDÉES, ÇA!! JE VAIS DEMANDER À MONSIEUR YAPLUDVODKA!
TU DIS?! TU VEUX QUE JE TE CONSTRUISE UN ROBOT QUI RESSEMBLE À CETTE FILLE!?! EH, BEN?!!
OUI! ET JE SUIS PRESSÉ! ...ET N'OUBLIEZ PAS QUE JE SUIS FORT, TRÈS FORT!...
ÇA VA! JE M'Y METS SUR LE CHAMP!!
...TRÈS, TRÈS FORT!!
POUR ALLEZ PLUS VITE... JE VAIS ME SERVIR DE L'INFRASTRUCTURE DU ROBOT "ADOLPHINE"... ET LE RAJEUNIR!!
PLUS TARD...
PFFF! VOILÀ! TU ES CONTENT?!
BON-JOUR-BE-NET-
SPLENDIDE! HEU... PAS LA PEINE DE L'HABILLER... C'EST POUR CONSOMMER TOUT DE SUITE.
BON! JE TE LAISSE! FAIS ATTENTION, ELLE EST SUR 6 VOLTS!
... DES VOLTS PILE... OU DES VOLTS FACE?
ENFIN! JE VAIS POUVOIR FAIRE TOUT CE QU'ILS FONT DANS LES BD POUR LES GRANDS!
FAITES-CE-QUE-VOUS-VOULEZ-BE-NET! JE-SUIS-TOU-TE À-VOUS!
AÏE!... LA PORTE... UN COURANT D'AIR... JE M'ENRHUME! JE N'AI...
ATCHIIII!
...PLUS DE FORCE! HEU... ON FAIT UNE PARTIE DE DOMINOS?!
JE NE SAIS PAS SI JE SUIS PROGRAMMÉE POUR ÇA!!

P.L.C. D'APRÈS PEYO, DELPORTE, WALTHÉRY... Noël Bissuel

Fil Jouirdan

TROUFIGNAC EST UN PETIT PORT NICHÉ DANS UN PLI DE TERRAIN, AU BORD DE L'OCEAN ATLANTIQUE... SEMBLANT TOUCHER LA LUNE, LA TOUR DE L'ABBAYE DES MOINES ROSES APPORTE LA NOTE DE MYSTÈRE QUE NE DÉSAVOUE PAS LE CARGO ÉCHOUÉ AU PIED DE LA FALAISE...
TROUFIGNAC
1A
JE ME DEMANDE CE QUE LE MAIRE NOUS VEUT ?!.. QUE PEUT-IL SE PASSER ...ICI ?!' TOUT A' L'AIR SI CALME..!!.. EN PLUS, ON VA SÛREMENT MANQUER DE FEMMES !
A' PROPOS DE CALME... REGARDEZ A'GAUCHE !!
ÇA, ALORS! ?!
... ILS NE S'ENNUIENT PAS CES DEUX-LA'..!... EN PLEIN VILLAGE... AVEC CE FROID..!! C'EST UN COUPLE THERMIQUE !!
POUR REPEUPLER LE COIN... ILS ONT TROUVÉ LE SYSTÈME !!...
?!!!
HÉ, MAIS..?!... CE SONT DEUX FEMMES ?.. Y A MIEUX POUR REPEUPLER ! ELLES N'ONT MÊME PAS... ...MAIS ?!
AH, ÇA ! J'EN AURAI LE COEUR NET ! OUI ! C'EST POUR ÇA QUE RIEN NE BOUGE !
1B

OUAIS! DRÔLEMENT BIEN MOULÉES CES POUPÉES GONFLABLES! J'EN PRENDRAIS BIEN UNE, MOI!!
ALLEZ, LAISSE TOMBER... ON NOUS ATTEND!.. ET ON A DÉJÀ BEAUCOUP DE RETARD!!
OK! JE LAISSE BOSS! WAF! HA! HA! HÉ!.. REGARDEZ... MA MONTRE DEVANT SA POITRINE... ÇA FAIT... ÇA FAIT?.. LES SEINS DERRIÈRE MINUTES! WAF!
UN PEU PLUS TARD
ENFIN! VOUS VOILÀ! ENTREZ! VOS CHAMBRES SONT PRÊTES... JE VAIS TOUT VOUS RACONTER!
?!
... LES ÉLECTIONS APPROCHENT ET MES ADVERSAIRES ONT DÉCOUVERT QUE J'AI DES PARTS DANS UNE SOCIÉTÉ DE PLASTIQUES... LA PLASSEX... HEU... MAIS COMMENT AVEZ-VOUS ...
... QUI FABRIQUE DES POUPÉES GONFLABLES?
IL Y A DEUX SPÉCIMENS À L'ENTRÉE DU VILLAGE... ALLEZ!.. ON Y RETOURNE!! VITE!
ALORS, ÇA CONTINUE!! ON CHERCHE À ME DISCRÉDITER EN UTILISANT DES MODÈLES VOLÉS DANS MON USINE!.. À VOUS DE JOUER!.. JE NE PEUX VOUS SUIVRE... MON CŒUR!!
ET BIENTÔT
CE N'EST PAS VRAI! PLUS RIEN?! MOI QUI VOULAIS LES EXAMINER, CETTE NUIT!! ...
VOILÀ COMMENT ON DEVIENT UN ÉRECTIVE PRIVÉ!! WAF! WAH!
OH! REGARDEZ!.. PEUT-ÊTRE UN INDICE... ENVELOPPE DES P.T.T...
... IL Y A UN CACHET À L'INTÉRIEUR!
... ALORS, ELLE EST ADRESSÉE À UN MOINE... LE CACHET DE LA POSTE... FAISANT FOI!! WAH!
ARRÊTE TES... MOINE?.. TU AS DIT MOINE? C'EST ÇA! L'ABBAYE DES MOINES ROSES... ON Y VA!
QUOI! ALLER LÀ-BAS EN PLEINE NUIT! PAS FOU?!.. AVEC LA PLUIE, EN PLUS!!
BON! J'Y VAIS SEUL! ... ET JE PRENDRAI LA PLUS BELLE!! TOI, TÉLÉPHONE À QUIGNON ET À QUE-DEUX-CERISES!
ALLO? QUE-DEUX-CERISES... FAUDRAIT DIRE À QUIGNON... COMMENT?.. IL EST LÀ!! À C'T'HEURE!.. AH!.. BON!.. EH, BIEN... VOUS...
OUI! COMMENT?... QUE J'ENLÈVE LA LAMPE AU PREMIER PLAN?!... AH! JE VOIS! ALORS, VOUS DITES? TROUFIGNAC!.. O.K.! JE FINIS MON MORCEAU DE QUIGNON ET ON ARRIVE!
DANS LA JUSTICE... PAS D'AFFAIRE PENDANTE!

A L'ABBAYE...
...SÛREMENT A' CAUSE D'UNE PRÉCÉDENTE AVENTURE... ...J'AI L'IMPRESSION QUE LA SOLUTION SE TROUVE ICI!...
TOC
?
QUELQUES HEURES APRÈS, CHEZ LE MAIRE...
VOUS! DÉJÀ! VOUS AVEZ FAIT DRÔLEMENT VITE!!
JE NE PARLE PAS DE ÇA... MAIS DU TRAJET!
OH! CE N'EST PAS POUR RIEN QU'ON M'APPELLE "LANGUE A' GIL"!!
ET, LORSQUE LE JOUR SE LÈVE
...DONC, LE MAIRE S'EST ABSENTÉ... QUANT A' FIL JOURDAN, IL COURT APRÈS DES POUPÉES GONFLÉES... DANS UNE ABBAYE!! SIMPLE, NON?!
...TOUT LE MONDE NE PEUT PAS JOUIR DES FAVEURS DE 'QUE'... 'QUE'... JOLI DIMINUTIF... SI J'OSE DIRE!!
...ET LE PATRON, VOUS Y AVEZ PENSÉ, HEIN?... LUI, C'EST DANS LES RUINES QU'IL S'ENFONCE!...
SI VOUS LA FERMIEZ UN PEU ...ON ENTENDRAIT SES APPELS!
BOM BOM
ÇA, C'EST UN BRUIT MÉTALLIQUE... ET, ICI IL N'Y A QUE DES PIERRES!
VITE! IL DOIT Y AVOIR UN PASSAGE!
BOM BOM
J'ESSAYE L'AUTRE CÔTÉ!
3A
EN EFFET
LE BROUILLARD MAINTENANT! AH! ÇA VA ÊTRE FACILE!
BOM BOM
OUF!! QUELLE CHUTE! J'AI BIEN FAILLI M'EMPALER SUR CES... CES...
OOH! EXCUSEZ, VIEUX!...
BONG
AÏE!
...DE RIEN... TOUT LE PLAISIR EST POUR MOI.
BOM BOM
HÉ! VENEZ PLUS PROFOND. J'AI TROUVÉ!
MAIS?! ON MARCHE SUR DES TAS DE TRUCS EN LATEX!...
OUAIS, DES POUPÉES...
TIENS?! CELLE-CI EST GONFLÉE... OH! OH! CRÉPU CE CUL! WAF! C'EST ÇA! LE CARGO DU CRÉPU-CE-CUL! WAH!!
HÉ! C'EST MOI QUE VOUS PALPEZ!!
PEU APRÈS, DANS LA CALE DU CARGO...
...SES COUPS AVAIENT UN RYTHME BIEN PRÉCIS!... ÇA NE TE RAPPELLE RIEN
ARRÊTE QUIGNON! ON VA LOUPER L'EXPLICATION!
...UN PEU OBSÉDÉ, CE MAIRE! IL VOULAIT DISCRÉDITER L'OPPOSITION... TOUT EN FAISANT DE LA PUBLICITÉ POUR SON VILLAGE ET SES POUPÉES! IL A TENTÉ DE ME CONVAINCRE PAR TOUS LES MOYENS... MAIS SON COEUR A LÂCHÉ!
J'AI LÀ UNE ÉRECTION QU'ON ADMINISTRE DE L'INTÉRIEUR
WAF!
3B

D'APRÈS TILLIEUX P.C.C. [signature]

ECOLE FRANCO-BELGE 2EME PARTIE
... ET ÇA, C'EST POUR AVOIR OUBLIÉ OUMPAH PAH, CUBITUS, DAN COOPER, MARC DACIER, VALHARDI, CARTLAND... ET PUIS CHEVALIER ARDENT, POM ET TEDDY... ET LUC ORIENT, ARCHIE CASH, L STONS, JESS LONG, ... ET ENCORE
VLAM!

POUR CONNAÎTRE LA QUATRIÈME TOURNÉE DE "PASTICHES" LISEZ CIRCUS le pavé de B.D TOUS LES MOIS !!
Achevé d'imprimer sur les presses de l'Imprimerie du Marval en novembre 1984 Dépôt légal : Novembre 1984

ÉCO
FRA
BE